LES
JEUNES VOYAGEURS
EN ASIE,
PREMIÈRE PARTIE,

CONTENANT LA TURQUIE D'ASIE, L'ARABIE,
LA PERSE ET L'INDE.

———

TOME CINQUIÈME.

PARIS, IMPRIMERIE DE GAULTIER-LAGUIONIE,
HÔTEL DES FERMES.

LES
JEUNES VOYAGEURS
EN ASIE,

ou

DESCRIPTION RAISONNÉE

DES DIVERS PAYS COMPRIS DANS CETTE BELLE PARTIE

DU MONDE,

Contenant des détails sur le sol, les productions, les curiosités, les mœurs et coutumes des habitans, les hommes célèbres de chaque contrée, et des anecdotes curieuses.

Avec une Carte générale de l'Asie, six Cartes particulières, et seize Gravures en taille-douce.

PAR P. C. BRIAND,

Auteur des Jeunes Voyageurs en Europe.

TOME CINQUIÈME.

A PARIS,

CHEZ HIVERT, LIBRAIRE,

QUAI DES AUGUSTINS, N. 55.

1829.

Desert de Cobi

Lieues de France
50 100 150
Lieue Chinois
500 1000 1500
Cos Indiens
50 100 200

T H I B E T

T H O U A N

A S S A M

BENGALE

Calcutta

GOLFE
DE BENGALE

C H I N E

MER DE CORÉE

Is. Bachises

Canton

MER DE CHINE

Is. Adaman

Is.
Nicoban

L U Ç O N

PHILIPPINES

SUMATRA

BORNEO

CELEBES

INDE
au delà du Gange

Équateur

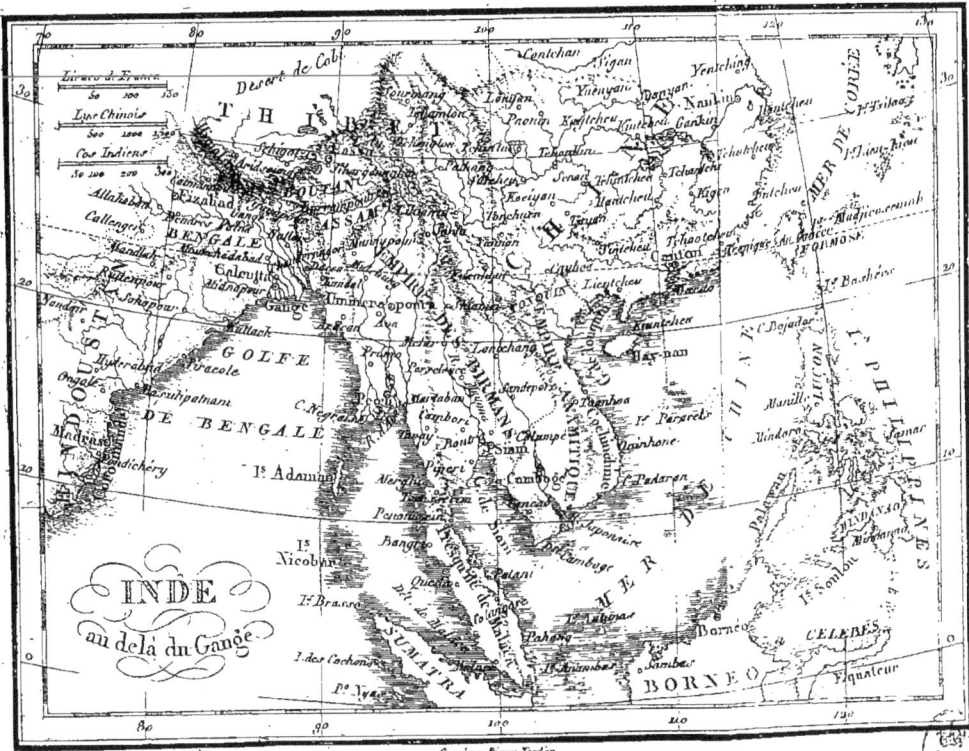

Gravé par Pierre Tardieu

LES
JEUNES VOYAGEURS

DANS

LA TURQUIE D'ASIE,

L'ARABIE, LA PERSE ET L'INDE.

LETTRE XXII.

INDE AU-DELA DU GANGE OU INDO-CHINE. — Empire des Birmans. — Ava. — Pégu. — Cassay. — Aracan. — Katchar. — Villes principales.

Je vais, madame, achever la description de l'Inde, et vous faire part des connaissances que j'ai acquises sur la partie de cette région située au-delà du Gange, à laquelle on a donné le nom nouveau d'*In-*

do-Chine, par la raison que ces pays ont été quelquefois soumis à l'empire de la Chine, et que la plupart des peuples qui les habitent ressemblent beaucoup aux Chinois, soit par la physionomie, la taille et le teint, soit par les mœurs, la religion et le langage. Au reste cette dénomination n'étant pas encore généralement adoptée, cette partie de l'Inde conservera sans doute encore long-temps celle de *presqu'île au-delà du Gange*, dont il me reste à vous entretenir.

L'empire des *Birmans* s'offre le premier. Il est composé de divers royaumes réduits par suite de conquêtes et de révolutions plus ou moins sanglantes à n'être plus que de simples provinces, ainsi que le sont devenus, en Europe, les royaumes de Cordoue, de Valence, de Grenade, etc., aujourd'hui partie de l'Espagne. L'empire des Birmans est borné au nord par la Chine, à l'ouest par le golfe du Bengale et par le royaume d'Ascham; au sud par le même golfe, et à l'est par l'empire d'Anam. Les royaumes dont il est formé sont ceux d'Ava, du Pégu, de Cassay, d'Aracan, et de Katchar.

Ces contrées étaient connues des anciens sous le nom de *Chersonèse d'or*, et méritent encore cette dénomination, par la quantité d'or qu'elles fournissent. Oubliées dans la suite, par l'interruption de toute espèce de communication, elles furent découvertes au quinzième siècle par les Portugais qui y formèrent des établissemens considérables, et l'entrepôt d'un riche commerce de pierres précieuses.

Les Birmans étaient dans l'origine sujets du roi de Pégu, ils se révoltèrent vers le milieu du seizième siècle. Après une longue alternative de succès et de défaites, un de leurs chefs nommé *Alompra*, homme de génie et de courage, consolida leur puissance, fit successivement des conquêtes, et fut imité par les princes qui lui succédèrent. Cet empire peut former aujourd'hui une masse égale à celle de la France. Le climat y est tempéré, et la santé vigoureuse dont jouissent les Birmans atteste la salubrité de l'air qu'ils respirent. Les saisons y sont régulières; le froid n'y est jamais rigoureux, et la grande chaleur qui précède la saison pluvieuse est de courte durée.

Le sol des provinces dans le sud, est très fertile et bien arrosé; il produit d'abondantes moissons de riz. Plus au nord, le pays est inégal et montueux. Les plaines et les vallées, particulièrement près du fleuve, sont très fécondes; elles produisent de bon froment, toutes sortes de menus grains, des fourrages, des légumes et des plantes potagères; enfin des cannes à sucre, du tabac de qualité supérieure, de l'indigo, du coton et des fruits des tropiques.

Outre le tek qui croît dans toutes les parties de l'empire birman, on y trouve toutes les espèces de bois connues dans

l'Inde. Dans les montagnes on voit de très
beaux sapins, dont on extrait de la téré-
benthine ; mais on ne fait aucun usage du
bois qui serait très propre à faire des ver-
gues, si on savait en tirer parti. Près des
frontières de la Chine et dans d'autres
montagnes, il y a des mines d'or et d'argent. Plusieurs rochers recèlent dans leurs
flancs des rubis, des saphirs et d'autres
pierres précieuses. Le fer, le plomb, l'é-
tain et autres métaux sont très communs.
On trouve aussi de l'ambre jaune, et du
marbre magnifique, dont l'exportation
est défendue, parce qu'il est exclusivement employé à sculpter les idoles.

Les animaux sont les mêmes que ceux
généralement connus dans l'Inde. Les
campagnes sont couvertes de troupeaux ;
mais, dans le voisinage des forêts, ils sont
exposés à la voracité des tigres qui sont en
grand nombre dans ces contrées.

La première place où nous abordâmes
est *Rangoun.* Elle est considérable, et

renferme près de cinq mille maisons. On
y compte environ trente mille habitans.
Cette ville est depuis long-temps le refuge
des débiteurs insolvables de toutes les
parties de l'Inde. Accueillis généralement
par les Birmans, ces étrangers sans fortune font quelque petit négoce, et ceux
qui se conduisent avec prudence vivent
fort à leur aise. Toutes les religions sont
tolérées à Rangoun. Les Birmans, libres
des préjugés qui établissent une différence
entre les castes, ont permis aux étrangers d'épouser des femmes birmanes, et
de jouir dès-lors des mêmes droits que les
naturels. Instruits de ces avantages, des
aventuriers de toutes les contrées de l'O-
rient se sont rendus à Rangoun, et y ont
été accueillis. Ceux qui avaient des talens
et de l'activité acquirent des richesses.
Les Parsis, les Arméniens et un grand
nombre de musulmans s'emparèrent de
tout le commerce. C'est parmi eux que le
gouvernement choisissait souvent les hom-

mes auxquels il confiait les emplois qui
mettent en rapport avec les étrangers.

La prospérité du commerce et l'accrois-
sement de population, qui en est la suite
naturelle, ont étendu Rangoun bien au-
delà des limites tracées par Alompra, son
fondateur. La cité ou le *miou* est carrée
et entourée d'une haute palissade. C'est
dans cette enceinte que demeurent les
principaux marchands. Les maisons sont,
comme dans tout le pays, élevées de quelques pieds au-dessus du sol ; les petites
sur des bambous, les grandes sur de gros
pieux. Les ouvriers habitent le faubourg.
Les rues sont étroites, mais propres et
bien pavées. Les eaux de la pluie s'écoulent
par des canaux couverts de gros madriers
pour faciliter les communications. Des
cochons, qui n'appartiennent à personne
en particulier, parcourent les rues, et
rendent service en dévorant beaucoup
d'ordures. On y voit aussi un grand nombre de chiens qui sont très petits et extrê-

mement bruyans. Les Birmans les aiment beaucoup.

Le Syrian, fleuve que quelques-uns appellent le Pégu, joint à l'avantage de parcourir des cantons très abondans en bois de tek, celui d'être fort commode pour la construction des navires. La marée monte à Rangoun jusqu'à vingt pieds. Le rivage y est doucement incliné, de sorte que l'on peut facilement y creuser des bassins, ou y mettre sur les chantiers des vaisseaux de toute grandeur. Nous en vîmes plusieurs de six cent à mille tonneaux. Les charpentiers qui dirigeaient l'ouvrage et les ouvriers étaient des Birmans. Ils travaillaient sur des modèles de vaisseaux français, parce que c'est la nation française qui a donné aux Péguans les premières leçons de cet art. Les charpentiers birmans sont robustes, laborieux, intelligens, et finissent avec un soin minutieux tout ce qu'ils entreprennent.

Le pays que traverse le Syrian est une

plaine immense, où l'on remarque des traces d'une grande population et d'une culture florissante. En remontant ce fleuve nous arrivâmes sous les murs de *Pégu* ou Pégou, ancienne capitale du royaume de ce nom, et nous n'y vîmes plus que les restes du fossé et du rempart qui l'avaient entourée, et qui seuls pouvaient mettre à même d'apprécier l'étendue qu'elle occupait, avant d'avoir été rasée. Elle formait alors un carré de près d'un mille et demi, sur chaque face. Le fossé est comblé en partie, tant par l'éboulement de ses parois que par les décombres que l'on y a jetés. L'intérieur des murs présente une image frappante de la grandeur abattue, et des ravages de la guerre. De tant d'édifices magnifiques qui faisaient l'ornement de cette belle cité, nous ne vîmes plus que les ruines et les temples qu'une sorte de respect a empêché de détruire. Sur ces ruines on a bâti une ville nouvelle qui occupe à peu près la moitié de l'espace

de l'ancienne. Pour y attirer des habitans,
le grand temple, objet de la vénération
des peuples, a été réparé et embelli.

Ce temple, appelé temple de *Chou-
Madou* (du dieu d'or) est élevé sur deux
terrasses. C'est positivement une pyramide
construite en brique et en mortier, formant une masse compacte, sans vide ni
ouverture. Sa base est octogne, mais elle
s'arrondit en s'élevant, et diminue très
promptement. On l'a comparée à un por-
te-voix. Le sommet est orné d'un parasol
en fer, surmonté d'une aiguille et d'une
girouette dorées. Les ornemens de ce
temple sont légers, agréables, délicats,
mais ils manquent de dignité. Autour du
parasol sont suspendues des sonnettes qui,
lorsqu'elles sont agitées par le vent, font
entendre un carillon continuel. La hauteur de ce monument est de trois cent
soixante-un pieds au-dessus du sol.

Malgré l'embellissement de ce temple,
et les moyens d'encouragement offerts à

TEMPLE DE CHOUMADOU.

toutes personnes qui viendraient habiter
la nouvelle ville, elle ne se peuple que
très lentement. Ceux qui ont vu l'ancienne
cité dans toute sa splendeur ont la plupart
cessé de vivre ; leurs enfans sont dispersés ;
les riches marchands établis à Rangoun,
et ceux qui veulent acquérir de la fortune,
préfèrent cette place avantageusement située par rapport au commerce. Ainsi la
majeure partie de ceux qui habitent la
nouvelle Pégu se compose de Rhahaans
occupés au service du temple, des officiers
de la cour du vice-roi, qui y fait sa résidence habituelle, et de pauvres familles
italiennes ou pégouanes qui se trouvent
heureuses de vivre dans le lieu qui fut si
florissant du temps de leurs pères.

Nous étions arrivés la veille d'une fête
célèbre qui avait attiré un concours immense de gens venus de très loin pour y
assister. Les divertissemens de cette journée consistèrent en combats à la lutte et au
pugilat ; les lutteurs déployèrent plus d'a-

dresse que les pugilistes. Le second jour il
y eut des feux d'artifices qui n'offrirent de
remarquable que des fusées volantes d'un
nouveau genre. Elles avaient pour étuis
des troncs d'arbres dont quelques-uns
comportaient sept pieds de long sur trois
pieds de circonférence. Ces fusées s'éle-
vaient à une hauteur prodigieuse, et en
éclatant elles lançaient des feux très vifs et
très variés. La foule était immense, elle
se livrait à une joie sans bornes, et cependant il n'y eut pas le moindre désordre.

Le dernier jour de l'année donne lieu
chez les Birmans à une cérémonie fort gaie
qui se pratique dans tout l'empire. Pour
faire disparaître toutes les souillures de
l'année qui finit, les femmes jettent de
l'eau sur tous les hommes qu'elles rencontrent; les hommes ont le droit de leur
rendre la pareille; c'est un spectacle fort
plaisant; il occasionne une joie générale.
Invités à nous rendre au palais du vice-
roi, nous aperçumes, en y arrivant, une

heure avant le coucher du soleil, trois grandes jattes de porcelaine pleines d'eau, et de grandes cuillères destinées à l'aspersion. La femme du vice-roi ayant annoncé qu'elle ne pouvait pas prendre part à la fête, elle fut remplacée par une vingtaine de jeunes filles qui nous inondèrent sans pitié, nous et le vice-roi lui-même. Elles paraissaient fort contentes du désordre dans lequel se trouvaient leurs antagonistes, car la partie n'était pas égale. Quand tout le monde fut bien fatigué et bien trempé, nous retournâmes à notre logis changer de vêtemens; et sur le chemin nous vîmes beaucoup de jeunes filles qui s'amusaient à asperger les passans. Toutefois elles nous épargnèrent comme étrangers, mais elles se dédommagèrent par de copieuses libations sur les Birmans qui nous accompagnaient. Tout cela se passe avec la plus grande décence; il en est de même des autres amusemens de ce peuple.

De retour à Rangoun, où l'un de nos

compagnons de voyage était resté malade, nous restâmes quelques jours dans cette ville, d'où nous nous embarquâmes pour aller à Amérapoura, capitale de l'empire birman. Nous passâmes de la rivière de Rangoun dans l'Iraouaddy, que nous remontâmes en traversant un pays dont les bords étaient très bien cultivés et très peuplés. Les eaux du fleuve offraient le spectacle d'un grand nombre de bateaux qui le parcouraient en sens divers. Nous vîmes, chemin faisant, des villages et des villes; les principales de celles-ci sont Pan-lang, Promé, Mieïday, Lounghi et Pagahm. On nous fit remarquer en quelques endroits de vastes magasins en bois, et couverts de chaume, qui appartiennent à l'empereur. Ils sont toujours remplis de grain prêt à être transporté dans toutes les parties de l'empire, où il peut être nécessaire; notamment dans les provinces de l'intérieur qui éprouvent quelquefois les inconvéniens de la disette, parce que les

pluies n'y sont ni si abondantes ni si régulières que dans les autres ; précaution sage
et bienfaisante qui prouve que le monarque birman ne perd point de vue le bien-
être de ses sujets.

A mesure que nous avancions vers le
nord, nous apercevions un pays entre-
coupé de collines et de vallées; plus loin
des montagnes s'étendaient dans l'ouest ;
tantôt le terrain était découvert, tantôt
bien boisé. Quelques-uns de nous descen-
dirent à terre, à *Promé*, et furent l'objet
de la curiosité générale. Jamais Européen
n'était entré dans cette ville. Les hommes
contemplèrent ceux-ci avec un air d'éton-
nement ; les enfans les suivaient, les femmes riaient aux éclats, et frappaient des
mains pour exprimer leur surprise. Mais
la foule s'écartait respectueusement pour
ne point inspirer de crainte. Cette nation
paraît singulièrement bienveillante envers
les étrangers.

Nous jetâmes en passant un coup-d'œil

sur *Ava* qui fut long-temps la capitale du
royaume de ce nom, réuni depuis à l'empire des Birmans. Cette ville présentait un
tableau complet de désolation. Comme ses
maisons, de même que celles de la plupart
du pays, ne consistaient qu'en bois et en
bambou, un ordre de l'empereur a suffi
pour les faire transporter dans la nouvelle
cité. Le terrain où elles étaient situées est
entièrement couvert d'herbes et de hal-
liers; mais on y distingue encore la trace
des rues, des remparts, du palais impérial, de la salle du grand conseil.

Ava nous a paru de la grandeur d'une
des villes de France du troisième ordre.
Ses rues étaient alignées et bordées d'arbres de côté et d'autre. Le roi y faisait son
séjour ordinaire dans un vaste palais, de
forme carrée, et qui consistait en quatre
grands corps-de-logis. On y entrait par
quatre portes qui répondaient aux quatre
points cardinaux. Chacune d'elles avait
un nom particulier qui répondait à son

usage. La première ne s'ouvrait que pour le roi, lorsque ce monarque voulait se montrer au peuple dans tout l'éclat de sa majesté; on la nommait la *porte de la magnificence*. La seconde, qui servait à l'entrée des ambassadeurs, et à toutes les personnes qui, comme eux, venaient offrir des présens au souverain, était la *porte d'or*. Ceux qui obtenaient des bienfaits du prince, les officiers auxquels il accordait de nouvelles dignités, de nouveaux grades, sortaient du palais par la *porte de la faveur*. La quatrième était la *porte de la justice*; elle conduisait au tribunal où se jugeaient les procès. Au milieu de la cour formée par ces quatre corps de bâtimens, on voyait un magnifique pavillon dont les murs extérieurs étaient revêtus de feuilles d'or. De toute cette ville naguère florissante, il ne reste plus que les temples que les Birmans ont respectés, mais qui éprouvent les effets des ravages plus ou moins rapides du temps.

En quittant Ava, le fleuve fait un coude. Nous découvrîmes sur les rives opposées, les tours et les pyramides d'*Amerapoura*, qui forment un contraste prodigieux avec les restes d'Ava, et consolent de la tristesse que ces ruines ont inspirée. Amerapoura, avec ses clochers, ses tourelles, ses obélisques, annonce de loin la résidence d'un monarque. Baignée par un lac au sud-est, et par une rivière au nord-ouest, environnée d'îles nombreuses, cette ville paraît, comme Venise, sortir du sein des eaux. Le lac voisin est appelé *Tounzemahn;* des bosquets de mangos, de palmiers, de cocotiers, ombragent ce bassin animé par les courses d'une foule de barques. Les rues de cette capitale sont généralement larges, pavées en briques et bordées de maisons basses construites en bois et couvertes en tuiles. Plusieurs, dans les principales rues surtout, ont des balcons couverts dont la saillie est d'environ quatre pieds. Le fort qui renferme le palais impérial, et les demeures des principaux personnages de l'état, est défendu par un rempart entouré d'un fossé et revêtu d'un mur en briques à la hauteur de vingt pieds. Le lieu le plus remarquable de ce palais est le*lotoun*. On appelle ainsi une salle vaste et magnifique, soutenue par soixante-dix-sept colonnes dorées, distribuées en onze rangs. Au fond de cette salle, est une haute jalousie dorée qui embrasse toute la largeur de l'édifice, et au centre de cette jalousie, une porte aussi dorée qui, lorsqu'elle est ouverte, laisse voir le trône.

Le *Cassay* était anciennement un état indépendant, voisin du royaume d'Ascham. *Munnapoura* en est la capitale. C'est une ville grande et florissante. Le *Katchar*, royaume ou principauté, a pour limites le *Cassay*. La capitale est *Kaspour*. Les habitans sont Indous d'origine.

Le royaume d'*Arakan*, appelé proprement Rokhang, occupe, entre l'Ava et le Bengale, une grande vallée arrosée par une rivière considérable, qui traverse la capitale dans toute sa longueur, et y forme une infinité de ruisseaux qui coulent dans les rues. Cette ville, de même nom que le royaume, est environnée de toutes parts de montagnes hautes et escarpées qui lui servent de défense, indépendamment d'un assez bon château. Les maisons sont pauvres et construites avec peu de solidité. Il y a des édifices plus distingués, et dans lesquels on voit quelques ornemens de sculpture et de peinture, mais ils sont rares et de mauvais goût. Le palais des anciens rois est vaste et a peu d'apparence. Il est bâti à l'indienne, sur de grands piliers, et l'intérieur est orné de bois précieux et de beaucoup de dorures. On compte dans cette ville plusieurs grandes places qui servent de marchés, plus de six cents pagodes, et environ cent

cinquante mille habitans. Le royaume,
aujourd'hui province, en renferme à peu
près deux millions.

Lorsque les Birmans firent la conquête
de l'Aracan, ils trouvèrent dans la capitale un butin immense, et parmi d'autres
trophées, ils emmenèrent une statue co-
lossale du dieu *Goudma*, en airain supé-
rieurement bronzé, et un canon d'une
grosseur énorme composé de très grosses
barres de fer battu. L'Aracan, civilisé
avant le reste de l'empire birman, formait
une monarchie respectable, et qui même
a fait trembler les rois du Pégu.

Les habitans d'Amerapoura font un
grand commerce, principalement en coton, avec la ville chinoise d'Yunan. Les
bateaux remontent l'Iraouaddy, jusqu'à
Bamou, ville frontière. Ils y portent
aussi de l'ambre, de l'ivoire, des pierres
précieuses, du bétel et des nids d'hiron-
delles, contre lesquels ils reçoivent en
échange de la soie écrue et des étoffes de

soie, des velours, des feuilles d'or battu,
des confitures, du papier, et de la quin-
caillerie. Le commerce de la capitale avec
les provinces méridionales de l'empire est
facilité par l'Iraouaddy.

Les Birmans n'ont point de monnaie :
l'argent et le plomb sont les signes repré-
sentatifs des valeurs; le poids et la pureté
de ces métaux en font le prix. Les balan-
ces et les poids dont on se sert dans tout
l'empire pour les peser, sont fabriqués
dans la capitale. On y appose une em-
preinte, et il est défendu d'en avoir d'autres. Les banquiers ou changeurs sont en
même temps essayeurs de métaux et orfèvres. Leur service est indispensable à
un étranger qui ne peut ni payer ni recevoir une somme d'argent sans qu'ils l'aient
examinée. Ils jouissent d'une grande réputation de probité. Ils sont dépositaires
des fonds des négocians et paient pour
eux.

Les Birmans, qui ne sont séparés des

Indous que par une chaîne de montagnes, diffèrent totalement de caractère. Ils sont vifs, hardis, actifs, entreprenans, curieux, colères et impatiens. Ils sont naturellement gais, mais ils n'ont point de principes propres à diriger leur conduite. On les voit quelquefois agir avec la férocité des Barbares, et dans d'autres occasions user de la douceur des nations les plus civilisées. Chez eux la piété filiale est regardée comme une obligation sacrée, et religieusement observée. On ne voit jamais de mendians. Il est vrai qu'on prend soin des gens assez malheureux pour ne pouvoir pas gagner leur vie, mais aussi ne souffre-t-on point ceux qui, par paresse, feraient comme en Europe un métier de la mendicité.

L'usage d'enfermer les femmes est inconnu dans l'empire des Birmans. Elles jouissent ainsi que leurs filles d'une entière liberté; mais, dans les classes inférieures de la société, on les emploie aux

plus rudes travaux. On ne se fait pas scru-
pule de vendre pour un terme les filles à
un étranger qui vient dans le pays avec
l'intention d'y faire un long séjour. Lorsqu'un homme quitte le pays, il ne lui est
pas permis d'emmener sa femme ; la loi est
extrêmement rigoureuse à cet égard. La
prohibition existe aussi pour les filles
nées d'une mère birmane.

Malgré la liberté que les Birmans laissent aux femmes, il est rare qu'elles soient
infidèles. Toujours occupées dans leur
maison, elles n'ont point le temps de son-
ger à mal. On voit peu de femmes, même
du plus haut rang, rester chez elles à ne
rien faire. Les servantes filent et font cou-
rir la navette ; la maîtresse surveille et
dirige les travaux. La plupart des familles
fabriquent elles-mêmes tous les tissus de
coton dont elles font usage.

Ainsi que la plupart des nations répan-
dues à l'est de l'Inde, les Birmans adorent
Bouddha, qu'ils nomment Goudma ; mais

ils supposent qu'il n'administre les affaires
de ce monde que pendant une certaine pé-
riode. Ils le représentent sous la figure d'un
jeune homme d'une physionomie calme,
avec les traits birmans et assis les jambes
croisées sur un trône. Les temples, dans
le genre de celui du *Chou-madou*, ont
pour l'ordinaire la forme d'une pyramide,
et sont surmontés d'un parasol.

Le code des Birmans renferme la plus
saine morale : il est fort clair, et joint à
plusieurs dispositions les décisions des sa-
ges, afin de guider l'inexpérience en cas
de difficulté. L'ordalie et la malédiction,
ainsi que plusieurs clauses relatives aux
femmes, sont les seules choses choquantes
que l'on y trouve. Il se termine par des
exhortations pleines de noblesse et d'onc-
tion, aux monarques et aux juges; il menace ensuite d'un châtiment terrible le
monarque oppresseur et le juge inique.

Le gouvernement de cet empire est
despotique; la volonté du prince est la loi

suprême ; mais les formes en sont douces ,
équitables , et la propriété est respec-
tée. Les hommes chargés de maintenir le
bon ordre s'abstiennent soigneusement de
tout moyen rude ou violent pour le faire
observer. Plusieurs princes vaincus sont
restés en possession du gouvernement de
leurs états à la charge seulement de payer
un tribut , de faire le service militaire, et
de demeurer pendant quelques mois dans
la capitale.

La profession des armes est regardée
chez les Birmans comme la plus honorable ; tous sont sujets à la conscription militaire , mais il n'y existe pas d'armée per-
manente. Les seules troupes sont la garde
du roi et les soldats chargés de la police
de la capitale. Leur nombre n'excède pas
quatre mille hommes tant d'infanterie que
de cavalerie. Lorsqu'il est besoin de lever
une armée , un ordre du prince enjoint
aux gouverneurs des provinces de rassem-
bler un nombre d'hommes fixe La levée

se fait en raison de la population. Le gouvernement fournit à chaque soldat des armes, des munitions et des grains, mais ne lui donne aucune paie. La campagne terminée, il retourne chez lui.

La famille de chaque conscrit répond de sa conduite; elle est en conséquence gardée en otage dans le canton qu'elle habite. En cas de désertion ou même de lâcheté, l'épouse, les enfans, et les parens du coupable, sont impitoyablement livrés au supplice. Cette loi, qui s'exécute avec rigueur, est peut-être convenable dans un pays où le sentiment de l'honneur est inconnu ; mais elle n'en est pas moins atroce, et le despote qui l'a mise en vigueur, méritait pour cela seul d'être précipité du trône. La population totale de l'empire birman est évaluée à environ dix-huit millions d'habitans.

Suivant la loi, la dixième partie de tous les produits appartient à l'empereur qui prélève aussi un dixième sur la valeur de

toutes les marchandises étrangères impor-
tées dans ses états. Presque tous ces impôts se perçoivent en nature; on en con-
vertit une petite portion en argent, le
reste est distribué, à titre de salaire, aux
employés du gouvernement. Les princes
du sang, les grands officiers de l'empire,
les gouverneurs de provinces, reçoivent
en apanage des provinces, des villes, des
villages, des métairies, pour soutenir
leur dignité, ou à titre de récompense;
et ils jouissent du revenu de ces domaines.

L'argent est exclusivement réservé pour
les circonstances extraordinaires, et tous
les fonctionnaires ou employés sont payés
par diverses concessions proportionnées
au grade ou à l'emploi. En raison de ces
concessions, ceux qui en jouissent se di-
sent les esclaves de l'empereur, et appellent leurs vassaux leurs esclaves, ce qui
offre, à peu près, le même tableau que
l'Europe, lorsque les barbares du nord y

eurent établi la tyranie féodale. Du reste la forme du gouvernement n'admet ni emplois ni dignités héréditaires ; toutes les charges et les honneurs dépendent de la couronne. Les princes de la maison royale forment le conseil d'état.

L'alphabet des Birmans renferme beaucoup de lettres qui n'expriment que des nuances du même son. Ils écrivent de gauche à droite comme les Européens. Leurs livres manuscrits sont en général fort beaux. Ceux ordinaires sont composés de feuilles de palmier sur lesquelles on écrit avec un burin. Les plus beaux sont faits de feuillets minces d'ivoire teints en noir. Les caractères y sont tracés en or ou en émail. Il y a ordinairement dans chaque kioum ou monastère une bibliothèque ou un dépôt de livres. L'usage est de les renfermer dans des caisses, et d'écrire le contenu sur le couvercle. La plupart des ouvrages sont relatifs à la théologie, à l'histoire, la musique, la médecine et la peinture.

L'histoire des Birmans consiste en un recueil de fables et de prodiges, néanmoins on ne peut pas précisément les taxer d'ignorance, car tous les artisans, la plupart des paysans et même les matelots savent lire et écrire la langue vulgaire. Les personnes de la haute classe montrent non-seulement de l'instruction, mais aussi le désir d'en acquérir. Il y a lieu de croire que cette nation deviendrait éclairée, riche et puissante, si le gouvernement pouvait cesser d'être despotique, si le feu des discordes civiles pouvait ne pas se rallumer entre les peuples conquérans et les peuples conquis; si les rhahaans ou prêtres n'avaient point assez de puissance pour empêcher le progrès des lumières, en s'opposant à toute innovation sous le vain prétexte qu'elle sape les bases de la religion.

Le gouvernement ne reconnaissant pas de dignité héréditaire, à la mort du titulaire tout retourne à la couronne. Les degrés de noblesse se distinguent par le nombre de cordons ou de fils qui composent la tsalve ou la chaîne; il varie de trois à douze; et l'empereur seul a le droit d'en avoir vingt-quatre. La forme de la boîte de bétel, des boucles d'oreilles, des bonnets de cérémonie, des harnais de chevaux, enfin jusqu'au métal dont le crachoir est fait, diffèrent suivant les rangs.

L'habillement de cérémonie consiste en une robe de velours ou de satin à fleurs, par dessus laquelle on met un manteau de soie qui ne couvre que les épaules, comme celui de nos ecclésiastiques en habit court. Les boucles d'oreille sont, pour les nobles, un tuyau d'or qui a la forme d'un entonnoir, pour les autres, des plaques de métal roulées; leur poids allonge beaucoup l'oreille.

Les femmes nouent leurs cheveux sur le haut de la tête, qu'elles entourent ensuite d'un bandeau brodé et orné suivant leur rang. Leur chemise ne passe pas la hanche; elles la serrent avec des cordons pour soutenir la gorge; elles portent par-dessus une veste large avec des manches serrées; une longue pagne en toile ou en soie leur ceint les reins, et fait deux à trois fois le tour du corps; elles en laissent une partie traînante jusqu'à terre. Les femmes de qualité croisent sur leur poitrine un schall de soie fort long, et dont les bouts rejetés sur les épaules flottent avec grace.

Les femmes du peuple ne sont vêtues que d'une sorte de grande chemise; elle est retroussée sous le bras, se croise sous le sein qu'elle cache à peine, et tombe jusqu'au bas de la jambe. Quand les Bir-manes se parent, elles teignent en rouge leurs ongles et la paume des mains; elles parsèment leur sein de poudre de bois de sandal; quelques-unes s'en frottent aussi le visage. Hommes et femmes se teignent les paupières et les dents en noir.

L'habillement ordinaire des hommes

est une simple veste à longues manches en mousseline ou en très beau nankin fabriqué dans le pays ; une pagne de soie leur ceint les reins. Quand il fait froid, ils portent une capote ou une veste de drap d'Europe.

Les Birmans ressemblent beaucoup plus aux Chinois qu'aux Indous. Les femmes, surtout dans les provinces méridionales, sont plus belles que celles de l'Indostan ; mais elles n'ont pas les formes aussi délicates ; elles sont bien faites et un peu disposées à l'embonpoint. Leurs cheveux sont noirs, longs et épais.

Les hommes ne sont pas d'une grande taille ; ils sont robustes et très agiles. Au lieu de se raser la barbe, ils se l'arrachent avec de petites pinces ; ils se tatouent les bras et les cuisses, persuadés que les figures bizarres qu'ils dessinent sur ces membres sont un charme qui les préserve des effets des armes de leurs ennemis.

Les mariages sont des actes purement

cercueil, des hommes le portent sur les
épaules. Le convoi marche lentement; les
parens suivent en habits de deuil; des
pleureuses payées précèdent le corps en
chantant une hymne funèbre. Les cada-
vres des gens aisés sont brûlés, ceux des
pauvres sont enterrés ou jetés à la rivière,
parce qu'un bûcher coûte fort cher. Il a
ordinairement six à huit pieds de haut; le
bois que l'on y emploie doit être très sec;
on laisse de l'espace entre les bûches afin
que la circulation de l'air donne de l'activité à la flamme. Les rhahaans adressent
des prières à Goudma en faisant le tour
du bûcher, jusqu'à ce que tout soit réduit
en cendres; ils recueillent ensuite les ossemens et les déposent dans un tombeau.
Le corps des personnages de distinction
est embaumé et conservé six semaines ou
deux mois avant d'être brûlé. Pendant ce
temps, il reste exposé dans un kioum ou
autre édifice religieux, ou dans un salon
magnifiquement orné de dorures et uni-

quement consacré à cette pieuse cérémonie. On dit que le miel est le principal
ingrédient dont on se sert pour préserver
les corps de la putréfaction.

L'année des Birmans est composée de
douze mois de vingt-neuf et de trente
jours, avec un mois intercalaire de trois
en trois ans. Leur semaine est de quatorze
jours; ils la comptent de la nouvelle à la
pleine lune, et de la pleine lune à la
nouvelle, ce qu'ils appellent lune crois-
sante et lune décroissante.

Le climat de cet empire est tempéré et
salubre. Le pays offre une grande variété;
il est montagneux vers le nord, et couvert
d'épaisses forêts primitives où croissent
tous les bois de l'Asie méridionale, et surtout le bel arbre *teck*, qui remplace et
surpasse par sa beauté et sa dureté le
chêne que l'on n'y trouve point. C'est avec
le tronc de bois de teck que les Birmans
fabriquent leurs bateaux de guerre, dont
la longueur est de quatre-vingts à cent

pieds, sur une largeur de huit à dix pieds.
Tous les bois odoriférans ou de couleur,
les arbres à fruits, et toutes les belles productions végétales des régions du tropi-
que croissent avec vigueur dans l'empire
birman, où ils y sont favorisés par l'humidité que produisent les inondations régulières réunies à la chaleur constante de
l'atmosphère. L'éléphant et les animaux
féroces, sauvages et domestiques, s'y rencontrent en grand nombre; on y remarque une espèce d'oie sauvage appelée *henza*
qui est devenue le symbole de l'empire.

Les prêtres birmans ont le nom de Talapoins. Le peuple a pour eux beaucoup
de vénération; c'est le fruit de la vie
exemplaire que mènent ces religieux. Tous
les lundis, ils vont dans les rues, frappent
avec force sur des bassins de fer-blanc,
pour éveiller les habitans, et les appeler
au sermon. Sans s'attacher à traiter des
points de doctrine, ils insistent principalement sur la morale. Les chefs sur les-

quels ils s'étendent le plus, sont ceux qui
tendent au bien de la société, tels que de
ne prendre à personne ce qui lui appartient, de ne lui causer ni tort ni déplaisir,
de ne point faire à autrui ce que nous ne
voudrions pas que l'on nous fît, d'être in-
dulgent à l'égard des autres, etc. Comme
ces prêtres sont dans l'opinion que l'on
gagne plutôt le ciel par les bonnes œuvres
que par le dogme, ils voient sans peine
abandonner leur culte pour embrasser le
nôtre ou celui de Mahomet. Ils tolèrent
toutes les religions, dès que la morale en
est pure, et conforme aux principes de la
loi naturelle qu'ils établissent dans leurs
prédications.

Avec une façon de penser aussi raison-
nable, les disputes théologiques sont in-
connues parmi eux. Ils ignorent ces sottes
discussions qui, en France, ont donné
naissance au jansénisme et au molinisme;
mais ils ont une charité compatissante
pour les étrangers, accueillent avec em-

pressement ceux qui font naufrage, leur donnent des habits, les cachent, les nourrissent dans leurs couvens, et tâchent de les soustraire à la loi cruelle qui condamne à l'esclavage ceux qui échouent sur les côtes de l'empire.

L'habillement de ces vertueux Talapoins consiste en une longue robe sans manches, d'un rouge brun, qui leur descend jusqu'aux talons, et qu'ils tiennent serrée avec une ceinture de cuir, à laquelle est toujours attachée une petite bouteille d'eau rose, fort en usage dans ce royaume pour les cérémonies de la religion. Ils ne se couvrent point la tête, et marchent les pieds nus. Leur maintien est sérieux et modeste, et dans cet état, ils vont mendier de porte en porte, ayant sous le bras un panier de jonc, et à la main un petit tambour sur lequel ils frappent trois fois devant chaque maison. Si personne ne sort pour les assister, ils se retirent modestement. Ils rapportent ordinairement une bonne provision de riz, de légumes, de fruits, qui sont leurs alimens habituels. S'ils reçoivent plus de vivres qu'ils ne peuvent en consommer dans la journée, ils distribuent ce superflu aux pauvres. Aussi ne les voit-on pas, comme nos moines mendians d'Europe, bâtir des maisons magnifiques, dans les plus beaux quartiers des villes capitales, ou posséder des domaines immenses dans les provinces.

Quand les Talapoins meurent, leurs funérailles se font aux dépens du peuple qui leur rend de grands honneurs. Après avoir gardé le corps pendant quelques jours, on dresse un bûcher composé des bois les plus précieux, pour le brûler. On jette les cendres dans la rivière, et les ossemens sont enterrés avec cérémonie, ou dans le couvent qu'ils habitaient, ou auprès de l'arbre qu'ils avaient choisi pour leur demeure ; car les uns vivent, comme des ermites, au milieu des bois , les autres, comme nos religieux d'Europe, passent leur vie dans un couvent.

Les Talapoins président aux funérailles, et n'assistent point aux mariages. Quand le roi meurt, ils préparent deux barques qui ne sont couvertes que d'un seul toit, et au milieu desquelles ils mettent une table où est posé le corps mort. Sous cette table, ils allument un grand feu de bois odoriférant, et laissent aller les barques au courant de l'eau; pendant ce temps-là, ils chantent et se réjouissent jusqu'à ce que la chair du cadavre soit entièrement consumée. Les cendres qui restent, ils les détrempent dans du lait, et font une pâte qu'ils portent jusqu'à l'embouchure de la rivière, et la jettent à la mer. On enterre les os dans une chapelle déjà faite, ou bien on en fait faire une nouvelle en l'honneur du défunt.

La ville de *Surian* ou Sirian, à l'embouchure de l'Ava, est un des entrepôts du commerce étranger qui se fait dans l'em-

pire des Birmans. Les Européens y appor-
tent des chapeaux et des rubans; les
Mogols, des toiles peintes; les Chinois,
d'autres marchandises de l'Inde. Ils reçoivent en échange du riz, de l'ivoire, des
diamans, des rubis et autres pierres précieuses. Ce commerce se fait sans parler.
On se donne la main que l'on couvre d'un
mouchoir, et en se la serrant, ou en re-
muant les doigts, on sait réciproquement
se faire entendre.

Les rubis de la province de Pégu sont
les plus beaux de l'Orient. La pierre qui
porte ce nom, est transparente, d'un
rouge éclatant, mêlé de violet dans ses
extrémités. On la tire principalement
d'une montagne nommée Cablan, située
entre les villes de Surian et de Pégu. Les
lapidaires distinguent des rubis de quatre
espèces; celui du Pégu est le plus estimé.
On l'appelle *rubis oriental;* c'est, après
le diamant, la pierre la plus dure. Il ne
peut être attaqué par la lime, et résiste

au feu le plus violent, qui ne fait tout au
plus que l'amollir. Sa forme est ronde,
ovale ou octogone ; on le trouve tantôt
dans un sable rouge, tantôt dans une
roche grise ou rougeâtre. Les autres espèces sont le *rubis balais*, le *rubicel* et le
spinel. Leur valeur augmente à proportion du poids, comme celle du diamant.

On nous a donné ici quelques rensei-
gnemens sur un état peu connu, mais
désigné par le nom de royaume d'Assam
ou Ascham. Il s'étend sur les deux rives
du Brahmapouter, séparé du Thibet par
les monts Dulueh et Landah, et borné au
sud, du côté de l'empire des Birmans,
par une grande chaîne de montagnes. Le
territoire de ce pays produit, dit-on, des
soies égales à celles de la Chine, du gin-
gembre, du sucre, des noix d'areck, du
bois d'aloès, et des fruits excellens. Les
rivières y roulent beaucoup d'or en pail-
lettes, l'argent y est commun. Les éléphans
y fourmillent, et l'on y rencontre le

porte-musc. La partie septentrionale, dite
l'*Uttarcoul*, surpasse, en population et
en culture, celle du midi, ou le *Dachin-
coul;* mais les forêts, peu accessibles dans
cette dernière partie, ont déterminé le
roi à fixer sa résidence à *Ghergong ,* ville
entourée d'une palissade de bambous, qui
n'a rien de remarquable.

Les habitans de ce royaume, peuple
robuste, simple et brave, se composent
d'*Aschamiens* proprement dits, et de
Kutaniens. Les premiers sont guerriers ;
on croit que c'est une tribu de Rajepoutes
émigrés de l'Indostan. Les autres s'appli-
quent à l'agriculture et aux arts mécani-
ques, dans lesquels ils montrent beaucoup d'adresse. Ils fabriquent des velours
et des étoffes de soie. Le même pays renferme aussi des nègres, ou du moins des
peuples très noirs, espèce de tribu sauvage. Ce royaume est divisé en trois provinces, dont la population s'élève à un
million d'individus, dont la portion la

plus civilisée suit la religion de Brahma. Mais les tribus sauvages des montagnes vivent sans lois et sans culture. Il se fait quelque commerce entre ce royaume et les peuples voisins.

Les Anglais et les Birmans exercent, chacun de leur côté, une sorte de domination sur le roi ou radjah, qui, malgré son état de vassal, conserve le titre fastueux de *roi céleste*, titre dont l'origine remonte aux temps fabuleux. Le fondateur de la dynastie est, dit-on, descendu du ciel dans le royaume d'Ascham, au moyen d'une échelle d'or ; et charmé de la beauté du pays, il daigna y faire sa résidence. Ascham, situé au centre du royaume, en était anciennement la principale province.

LETTRE XXIII.

Inde au-dela du Gange ou Indo-chine. — Royaume de Siam. — Bancok. — Siam ou Juthia. — Louvo.

Le royaume de Siam, situé au fond d'un golfe large et profond, est le plus célèbre de toutes les Indes, et avant l'a-grandissement de l'empire des Birmans, et de celui d'Anam, la monarchie sia-moise était regardée comme le plus puis-sant état de l'Inde au-delà du Gange. Les Siamois en font remonter l'origine à plus de cinq cents ans avant l'ère chrétienne, et comme presque tous les autres peuples, ils placent au rang des dieux leur premier législateur. Ce qui paraît le plus digne

de foi sur l'origine de cette monarchie
c'est qu'elle a commencé avec le temps
de la première excursion des Arabes dans
les Indes, et il est vraisemblable qu'elle
doit sa naissance à l'irruption de ces barbares. Ce n'est que depuis cette époque
que l'on trouve une suite chronologique
des princes qui l'ont gouvernée. Un d'eux
bâtit, dans le quatorzième siècle, la ville
Juthia qui en est la capitale, et que les
Portugais ont appelée *Siam*, du nom du
royaume.

Ce pays est arrosé par un fleuve, appelé le *Meinam*, qui forme, en serpen-
tant, un grand nombre d'îles, et se divise
en une infinité de branches. Il est orné
des deux côtés de grands arbres toujours
verts, et au-delà ce sont de vastes campagnes couvertes de riz. Comme ces terres
sont extrêmement basses, elles sont inondées pendant une partie de l'année, et ce
fleuve a ses débordemens réglés comme le
Nil. Les effets en sont si heureux que le riz

croît à mesure que les eaux s'élèvent, de
manière que les épis ne sont jamais sub-
mergés. Quand le grain est mûr, les Siamois vont en bateaux faire la récolte ; ils
ne coupent que les épis et laissent la
paille. Lorsque le débordement tire à sa
fin, le roi se rend sur le fleuve, dans une
gondole, pour le prier d'abandonner la
plaine, et de rentrer dans son ancien lit.
Pendant la cérémonie, le peuple, assez
ignorant pour croire qu'il n'y a que le
monarque qui puisse arrêter le cours des
eaux, demeure prosterné sur le rivage,
ne pouvant assez admirer la puissance du
souverain.

Bankok est la première ville que l'on
rencontre en remontant le Meinam. Cette
place est importante par sa situation ; elle
défend le passage du fleuve ; c'est la clef
du royaume du côté de son embouchure.
Son territoire est un jardin continuel,
planté d'arbres fruitiers qui font la principale richesse de ce canton. Ses fruits se

vendent avantageusement dans la capitale qui n'en est pas éloignée.

On ne fait pas une lieue sur cette belle rivière, sans rencontrer quelque pagode accompagnée d'un monastère de Talapoins, qui sont les prêtres ou les religieux du pays. Ils vivent en communauté ; leurs maisons sont autant de séminaires où les enfans de qualité reçoivent l'éducation : ils y entrent à sept ou huit ans, et y prennent l'habit de l'ordre qui consiste en deux pièces de toile de coton dont l'une les couvre depuis la ceinture jusqu'aux genoux, et de l'autre, ils se font une écharpe qu'ils passent en bandoulière. Après la lecture et l'écriture, l'arithmétique est la première des sciences que l'on enseigne à ces jeunes pensionnaires ; de-là on passe à la philosophie et à l'étude de la religion. Leur philosophie se réduit à la morale dont les principes sont les mêmes chez tous les peuples.

Depuis Bankok jusqu'à Siam, la rivière

est bordée d'une infinité de villages, dont les maisons construites de bambou sont élevées sur de hauts piliers pour les garantir de l'inondation. Près de chaque village est un marché dans lequel ceux qui descendent ou qui montent le fleuve trouvent toujours un repas prêt, c'est-à-dire, du fruit, du riz cuit, du poisson, et divers ragoûts à la siamoise, qui ne sont pas toujours du goût des étrangers.

Siam ou mieux *Juthia* est une des plus grandes villes des Indes, si l'on ne considère que l'enceinte de ses murs; mais à peine la sixième partie de cet espace est-elle habitée ; le reste est désert, ou ne contient que des temples. Le terrain sur lequel elle est bâtie est coupé par une infinité de canaux ou de bras du Meinam qui la partagent en plusieurs îles. Elle est fermée par une muraille de briques dans laquelle on a ouvert des arcades qui donnent passage à la rivière, et facilitent l'entrée et la sortie des barques. Elles se

dispersent dans toutes les rues; et la com-
modité qu'elles donnent pour le transport
des marchandises qui passent tout de suite
de la mer dans les magasins, jointe aux
autres avantages du royaume, y attirent
des négocians de toutes les parties du
monde.

Le long de chaque canal, on a fait des
quais qui forment des rues bien alignées
et plantées d'arbres dans quelques endroits, mais si pleines de boue, qu'elles
sont à peine praticables. On voit, dans le
temps du débordement, une ville, une
forêt et une mer, tout ensemble; et quoique les places publiques soient inondées,
on ne laisse pas d'y tenir marché; le peuple s'y rassemble sur des canots.

Dans une ville située, pour ainsi dire,
au milieu des eaux, comme Venise, il a
été nécessaire de bâtir un grand nombre
de ponts. Il y en a quelques-uns de briques; mais la plupart sont faits de plan-
ches ou de roseaux entrelacés, et si peu

assurés que l'on n'y passe qu'en tremblant.
Les maisons sont basses et construites de
bois, du moins celles des naturels du
pays que ce genre d'édifice laisse exposés
à toutes les incommodités d'une chaleur
excessive. Des claies de bambou forment
le contour de ces habitations légères ; et
dans les quartiers sujets à l'inondation ,
on les élève sur des piliers ; l'escalier pend
en dehors comme les échelles de nos mou-
lins. Une corbeille remplie de terre, et
soutenue sur trois bâtons, sert de foyer.
Quelques heures suffisent pour construire
ou pour démolir ces édifices fragiles, et
une ville comme Juthia peut être bâtie
en fort peu de jours.

Les étrangers, tels que les Mogols, les
Chinois, les Européens, etc., ont de petites loges longues de huit pieds, larges
de quatre, hautes de douze, bâties de
pierres ou de briques, et partagées en
deux étages. Il en est qui possèdent des
habitations plus spacieuses et plus com-

modes. Les grands officiers de la cour ont des maisons de menuiserie, que l'on prendrait volontiers pour de grandes armoires. C'est là que logent le mari, la femme et les enfans. Les domestiques et les esclaves ont de petits endroits séparés, mais renfermés dans la même enceinte et qui composent autant de différens ménages.

Chaque peuple étranger a à Juthia son canton ou quartier séparé par les canaux de la rivière. Par là on évite les querelles que pourrait exciter le mélange des nations. Chacune a son chef qui répond d'elle, et son protecteur nommé par le roi. Les étrangers sont obligés de renouveler tous les ans le serment de fidélité à ce prince, et la cérémonie qui a lieu à cette occasion est très solennelle. Tous les officiers de la couronne y assistent, et le monarque, assis sur un trône d'or, tout éclatant de pierreries, reçoit le serment de chacun des chefs, selon leur rang. On leur fait ensuite boire d'une eau préparée par les Talapoins, et que l'on croit formidable aux parjures. Le prêtre tient la pointe d'une épée dans cette eau sainte, et lance plusieurs imprécations contre ceux qui ne jurent pas d'un cœur sincère, ne doutant pas que l'eau ne les suffoque dans le même instant.

Mais je reviens aux édifices de cette ville. Le palais du roi, environné d'une double muraille de briques, a une demi-lieue de circuit; il est divisé en plusieurs cours, et rempli d'une multitude de bâtimens construits les uns en pierre les autres en bois. Ils sont bas, n'ont qu'un étage, des escaliers étroits, de petites portes, et point de plein-pied. Il est vrai que cette inégalité est ce qui donne de la dignité aux maisons dans l'opinion des habitans. Le logement du roi est plus élevé que le reste du palais, et plus une pièce est voisine de l'appartement du monarque, plus elle s'élève au-dessus de celle qui la suit. Il y a toujours quelques marches à

monter de l'une à l'autre. Cette même inégalité se remarque dans les toits, l'un est
plus bas que l'autre, à mesure qu'il couvre une pièce plus basse. Cette succession
de toits inégaux fait la distinction des
degrés de grandeur. On a observé la même
gradation dans les pagodes; le dôme le
plus élevé est celui sous lequel est placée
l'idole.

Les officiers du prince sont logés dans
les premières cours, plus loin sont des
écuries spacieuses pour les éléphans; le
palais du monarque est situé dans la cour
ultérieure. Son plan a la forme d'une croix
du centre de laquelle s'élève une haute pyramide à plusieurs étages, qui surmonte
tout l'édifice ; c'est un ornement attaché
à toutes les maisons royales. Le sérail est
contigu à l'appartement du roi. Au-delà
sont de vastes jardins, plantés de palmiers,
divisés en compartimens et entrecoupés de
petits ruisseaux, qui serpentent dans les
parterres. Quant à l'intérieur du palais,

il m'est impossible d'en donner connaissance, car personne ne pénètre au-delà
de la salle d'audience, qui ne mérite aucune description.

Les richesses du pays se manifestent
principalement dans les pagodes, par la
quantité d'ouvrages d'or dont elles sont ornées, par leur grandeur prodigieuse, par
leur structure et par un amas incroyable
de pierreries. La forme de ces édifices est
assez semblable à celle des églises d'Europe.
L'entrée en est grande, les portes sont dorées, le dedans est peint; le jour y entre
par des fenêtres étroites et longues prises
dans l'épaisseur du mur. Il y a un chœur
avec des siéges de côté et d'autre pour les
Talapoins qui viennent y chanter à certaines heures destinées à la prière, le matin, le soir et à minuit. L'autel est au
fond et dans le lieu le plus éloigné de la
porte; on y monte par plusieurs degrés
qui s'élèvent en amphithéâtre : c'est là que
sont placées les idoles. Ils les encensent,

les ornent de fleurs et de pierreries ; le luminaire n'est point épargné, car il y a
toujours des lampes allumées. On y voit
aussi des troncs pour recevoir les aumônes, usage qui est de tous le pays.

Le toit de ces pagodes est revêtu de
tuiles vernissées et quelquefois de plaques
d'étain doré. Elles sont d'un jaune si vif et
si éclatant que quand le soleil donne dessus, il semble que la couverture soit toute
d'or. On les faisait venir de la Chine, mais
on a trouvé le secret d'en fabriquer à Siam.
On n'en fait pourtant guère que pour le
service du roi, et il en résulte qu'elles
sont excessivement chères.

Un des temples les plus célèbres de cette
ville est celui qui se voit à quelque distance du palais royal. Il est surmonté de
cinq dômes; celui du milieu, plus grand
que les autres, est environné de quarante-
quatre pyramides ou obélisques qui lui
servent d'ornement. Elles sont placées avec
symétrie sur trois rangs; et dans l'enceinte

qui enferme ces bâtimens, on voit d'un côté le long des galeries, plus de quatre cents statues disposées dans un bel ordre. L'autre face est à jour, et regarde le temple.

Il y a de ces pagodes qui contiennent plus de quatre mille idoles couvertes de lames d'or. Les yeux et l'imagination sont ravis par l'éclat des murailles, des lambris, des piliers et d'une infinité de figures parfaitement dorées. Il y en a d'une taille gigantesque, et toutes sont assises les jambes croisées à la siamoise. Elles sont le principal ornement des temples. La matière employée à leur fabrique est un mélange de chaux, de résine et de poix qu'on enduit d'abord d'un vernis noir, et que l'on dore ensuite. Les faubourgs de Siam, situés des deux côtés de la rivière, sont pour le moins aussi étendus, aussi ornés de pagodes, et plus peuplés que la ville même.

Le roi ne vient dans sa capitale que les

jours de cérémonie ; sa résidence ordinaire est *Louvo* , maison de plaisance qui en est éloignée de sept lieues. Elle est sur une hauteur , à l'abri des inondations. Le palais est moins spacieux que celui de Siam , mais il y a quelque chose de plus riant. Le monarque qui l'habite jouit de toute la plénitude du pouvoir arbitraire. Il permet bien aux grands du royaume de délibérer entre eux sur les affaires de l'État , de lui en dire leur avis, mais il s'en réserve l'approbation ou le rejet au gré de son caprice. Ces seigneurs se nomment *mandarins* , qualité que le roi donne ou ôte à qui il lui plaît , sans considérer la naissance ou le mérite.

Le respect que ce prince exige de ses peuples va presque jusqu'à l'adoration , et la posture qu'il faut tenir en sa présence est une espèce de culte. Aussi dans toutes ses actions cherche-t-il à leur faire croire qu'il est aussi grand que Dieu même , et que toutes les puissances du monde sont

fort au-dessous de la sienne. De là les titres
fastueux qu'il prend avec emphase « de
« monarque très illustre, très invincible,
« très puissant, très haut et couronné de
« cent couronnes d'or, ornés de neuf sor-
« tes de pierres précieuses, etc. » Je n'en
finirais pas si je voulais détailler toute la
kirielle de titres plus ou moins absurdes,
plus ou moins ridicules de ce despote im-
bécille qui prétend pouvoir faire ce que
Dieu a fait et créé.

Il ne faut pas s'étonner qu'un prince
qui se gratifie de pareils titres se laisse
adorer, mais qu'il trouve des sujets qui
s'avilissent à ce point, c'est là ce qui
cause à la fois la surprise et le mépris
pour les Siamois. Il n'en est pas moins
vrai que, dans le conseil même, qui dure
quelquefois quatre heures, les ministres
d'état et les mandarins se tiennent sans
cesse prosternés devant lui. Ils ne lui par-
lent qu'à genoux, les mains élevées sur la
tête, faisant à tout moment de profondes

inclinations , et accompagnant leur dis-
cours de titres qui relèvent sa bonté et sa
puissance. On reçoit ses réponses comme
des oracles, encore ne les donne-t-il pas
verbalement. Un mandarin qui a toujours
les yeux attachés sur son maître , connaît
sa volonté à certains signes établis, et les
explique par d'autres signes aux officiers
du dehors.

Les courtisans les plus favorisés n'ap-
prochent jamais de fort près de la personne
du roi, ils ne le voient que quand il dai-
gne se montrer à eux d'une des fenêtres du
palais. Il ne reçoit pas autrement les em-
bassadeurs , ne leur parle que du haut
d'une tribune, toujours laconiquement,
et à tous dans les mêmes termes ; c'est un
perroquet qui répète sa leçon. Quand il
sort, chacun doit se renfermer chez soi ;
personne ne passe devant son palais, ou
n'y entre sans se prosterner. Ce lieu
est regardé comme sacré, et le silence le
plus rigoureux doit y être observé, ainsi

que dans toutes les places qui l'environnent. Tout ce qui s'y passe est enseveli
dans le plus profond secret ; c'est un crime
de s'entretenir du roi , et même de prononcer son nom, qui, par cette raison, est
connu de très peu de personnes.

Les femmes n'entrent dans le palais que
pour y servir aux plaisirs du monarque
dans le sérail, d'où elles ne sortent jamais ; les autres n'y sont point admises.
L'officier qui est à la porte ne l'ouvre pas
sans aller avertir le mandarin qui commande dans la première enceinte, et ceux
qui se présentent sont désarmés et visités
avec soin. On examine jusqu'à leur ha-
leine, et s'ils ont bu de l'arac, on les ren-
voie, de peur que leur présence ne souille
la majesté du lieu.

Le service intérieur du palais se fait par
des pages, des eunuques et de jeunes
filles. Les premiers ont soin des livres,
des armes et du bétel de sa majesté. Les
eunuques sont plus particulièrement at-

tachés à la reine. Les filles jouissent seules
de la liberté d'entrer familièrement dans
l'appartement du roi. Elles font son lit,
l'habillent, lui préparent à manger, etc. Ce
prince n'a qu'une femme à qui l'on donne
le titre de *reine*. Elle a ses officiers, ses
femmes pour l'accompagner, ses eunuques,
ses bateaux, ses éléphans. Ses officiers ne
la voient jamais, elle ne se montre qu'à ses
femmes et à ses eunuques. Celles des mandarins dont sa cour est composée sont pros-
ternées devant elle, comme les hommes
le sont devant le roi, avec cette différence
qu'elles ont la liberté de la regarder. Elle
gouverne sa maison en souveraine. Le roi
lui donne des provinces dont elle perçoit
le revenu, et sur lesquelles elle a une
puissance absolue. Ainsi elle tient conseil
pour toutes ses affaires avec ses femmes,
et rend justice à ses sujets.

Le nombre des maîtresses du roi n'est
point limité; sa grandeur consiste au con-
traire dans la multiplicité des sultanes.

Les Siamois sont étonnés que les plus grands princes de l'Europe n'aient qu'une seule femme et point d'éléphans. On nourrit ici un grand nombre de ces animaux. On les mène à la rivière au son des instrumens, et l'on porte devant eux des parasols. On prétend qu'ils sont tellement accoutumés à cette cérémonie, que si on manquait de l'observer, ils refuseraient de sortir.

Un despote, comme celui de Siam, a tout à craindre de ceux qui l'entourent; inconnu de ses sujets, il n'en est point aimé; aucun d'eux ne s'intéresse à sa personne, et il leur importe peu que ce soit tel individu ou tel autre qui occupe le trône. Aussi ces princes font de leurs palais autant de forteresses; ils les munissent de bonnes murailles, et les défendent par des chausse-trapes armées de pointes. Le rôle odieux de délateur est ordonné sous peine de mort, dans tout ce qui intéresse leur personne, et si l'accusation n'est pas prouvée, on condamne au même supplice, c'est-à-dire, à être exposés aux tigres, l'accusé et le délateur. Dans le doute, on aime mieux perdre l'innocent que de sauver le coupable.

Les rois de Siam paraissent rarement en public, et quand ils se montrent, c'est toujours dans un appareil qui inspire la terreur. Ils se font précéder par des éléphans chargés d'hommes armés, et par une multitude innombrable de gardes, de domestiques et d'esclaves, munis de bâtons et de sarbacanes, pour écarter le peuple. Le monarque est assis dans une chaise d'or, portée par dix ou douze valets, et environné de soldats, tandis que le peuple prosterné n'ose pas même jeter un regard sur lui.

D'autrefois il est monté sur un éléphant tout brillant d'or et de pierreries. L'animal marche gravement, fier de sa charge, et semble connaître l'honneur qu'il reçoit; car il ne souffrirait pas qu'un autre prît la place du monarque. Si le roi a un fils, ce prince le suit, et après lui la reine et ses autres femmes. Elles sont aussi sur des éléphans, mais enfermées dans des espèces de guérites de bois doré, où il est impossible de les voir. La marche est fermée par une autre troupe de gardes, et tout le cortége est composé de quinze à seize mille hommes.

Dans les promenades, qui se font sur la rivière, le prince entre dans une chaloupe dorée, sous un dais de brocart, et se fait accompagner de ses courtisans qui s'y trouvent quelquefois au nombre de mille, chacun dans une barque tirée par vingt esclaves. Plusieurs bâteaux remplis de musiciens viennent après et sont suivis de cinquante barques de parade. Pour vous faire une idée de cette magnificence, figurez-vous un grand fleuve sur lequel trente mille personnes se promènent en bâteaux peints et dorés, et en outre une foule prodigieuse de peuple qui y accourt de tous côtés pour être témoin de ce spectacle.

Nous en vîmes un d'une autre espèce tandis que nous étions à Louvo; il pourra vous donner une idée de l'usage des Siamois dans leurs cérémonies funéraires. Le prince venait de perdre la princesse sa fille, pour laquelle on fit des funérailles magnifiques. Cinq tours furent élevées dans une des cours du palais; celle du milieu avait plus de cent pieds de hauteur, et les autres diminuaient à mesure qu'elles s'éloignaient de celle-ci. Elles étaient peintes et dorées, et avaient communication par des galeries à ballustres aussi ornées que les tours. Le corps de la princesse avait été apporté devant la plus haute, et on l'avait mis sur un autel tout brillant d'or et de pierreries. Elle était debout avec une robe traînante, et toute semée de diamans, dans un cercueil d'or épais d'un pouce. Elle avait les mains jointes et le visage tourné vers le ciel. La

couronne que l'on voyait sur sa tête était
d'un prix excessif, ainsi que son collier et
ses bracelets. Tous les grands du royaume
vêtus d'une simple toile blanche, qui est
ici la couleur du deuil, s'avancèrent vers
le corps, et lui firent une profonde révé-
rence. Après eux les dames, aussi vêtues de
blanc, et sans nulle autre parure, en
firent de même.

Cette première cérémonie étant ache-
vée, on mit le cercueil sur un char magnifique, et on le porta à vingt pas de là.
Les grands et les dames lui rendirent encore de pareils honneurs. Tous pleuraient,
et ces démonstrations lugubres durèrent
une demi-heure. Le char fut ensuite
traîné par les principaux officiers de la
couronne vers le lieu où le bûcher avait
été préparé. Après eux venaient les frères
de la princesse, vêtus de blanc, et assis
sur des éléphans, puis d'autres jeunes
princes et seigneurs suivaient à pied, vêtus
de même, et ayant chacun un rameau

d'arbre à la main. Ils étaient si bien instruits à pleurer qu'ils n'avaient nulle
peine à fournir des larmes.

A moitié chemin du lieu où l'on devait
trouver le bûcher, des échafauds étaient
dressés pour des mandarins du second ordre
qui attendaient le convoi. Lorsque le corps
passa devant eux, les uns jetèrent des
habits au peuple, les autres de l'argent.
Enfin le convoi étant arrivé à l'endroit où
devait finir la cérémonie, les grands tirè-
rent avec beaucoup de respect le cercueil
hors du char, et le posèrent sur le bûcher,
au son des instrumens, auxquels se mê-
laient les cris de toute la cour. Ce triste
concert terminé, le corps fut couvert de
bois de senteur et de parfums, et les jeunes
princes s'en retournèrent au palais avec
les seigneurs. Les dames demeurèrent
seules à garder le cercueil, qui ne fut
brûlé que deux jours après, et pendant
ce temps elles furent obligées de pleurer
sans discontinuer cet exercice larmoyant,

qui doit durer nuit et jour. Dans la crainte que quelques-unes ne succombassent au sommeil, ou ne se lassassent d'un métier aussi pénible, d'autres femmes, postées d'espace en espace, tenaient en main des disciplines, et leur appliquaient d'assez rudes coups pour les obliger à recommencer leurs cris et leurs lamentations.

Pendant ces deux jours, les Talapoins placés sur des échafauds dans la cour où l'on avait mis d'abord le cercueil de la princesse, prièrent sans repos pour le salut de son ame. A côté de ces échafauds étaient plusieurs tours faites avec des roseaux, et remplies de feux d'artifices qui durèrent quinze jours, pendant lesquels le roi fit distribuer d'abondantes aumônes aux pauvres et aux Talapoins. Après que le corps eut été deux jours sur le bûcher, toute la cour s'y rendit, et le roi prenant un cierge allumé de la main du chef des Talapoins, y mit le feu. Le corps fut réduit en cendres dans le cercueil d'or où l'on avait laissé toutes les richesses qui lui servaient d'ornemens.

L'urne dans laquelle on recueillit les cendres de la princesse, fut mise dans un ballon de la première grandeur et déposée dans une pagode hors de la ville. Le bateau qui la transporta était accompagné d'une infinité d'autres barques superbement décorées, et dans lesquelles il y avait des représentations de divers genres, des lions, des tigres, des serpens et d'autres animaux. Un enfant habillé d'une riche étoffe, et couvert de pierreries, paraissait sur une estrade dorée ; il avait le sabre à la main, et représentait le génie tutélaire de la princesse. Quand l'urne eut été portée au temple, on mit le feu aux représentations ; ce qui se fit au bruit de l'artillerie, des tambours, des bassins, et de mille instrumens confus. Ainsi finit cette lugubre cérémonie, qui se renouvelle toutes les fois que la mort enlève quelques princes de la famille royale.

Si c'est le roi lui-même, le peuple, après
le convoi funèbre, passe dix jours dans la
plus austère retraite; toutes les maisons
sont fermées, les affaires interrompues,
personne n'ose paraître dans les rues ni
dans les places; un profond silence règne
partout; au bout de ce terme, on ouvre
les temples, on les orne des plus riches
étoffes; on y arbore quantité de drapeaux,
et l'on dresse dans les places publiques des
autels où l'on brûle des parfums. Des cava-
liers habillés de blanc se rendent dans
tous les quartiers de la ville, font ouvrir
les portes au son de divers instrumens, et
déclarent au peuple qu'il a un roi. Alors
tout le monde court aux temples, et fait
des vœux pour la prospérité du nouveau
monarque.

Les Siamois sont très somptueux dans
la célébration de leurs funérailles. Les
sépultures des particuliers riches sont en-
vironnées de tours carrées faites de bois de
cyprès, revêtues de cartes et de gros pa-

piers de différentes couleurs qui font un effet assez agréable. D'autres font bâtir une pagode dans le dessein d'y faire déposer leurs cendres. Celles des pauvres sont jetées au vent ; et ceux qui par excès de charité se sont ruinés pour enrichir les monastères, sont brûlés aux dépens des talapoins.

L'extrême cérémonial qui s'observe à Louvo, la gêne et la sorte de contrainte qu'y inspire la présence du maître, en rendent le séjour ennuyeux ; aussi ceux qui n'y sont point à demeure, n'y restent qu'autant que leurs affaires l'exigent. Pour nous qui n'y étions allés que par curiosité à fin de prendre une idée des usages de cette cour, nous quittâmes ce lieu dès que notre but fut rempli, et nous revînmes à Siam où nous nous disposâmes à visiter les provinces.

Avant que nous nous missions en route, notre hôte nous fit faire une promenade à quelques lieues de la ville ; il nous conduisit à un monastère de talapoins dont

le supérieur est son parent. Nous traver-
sâmes les faubourgs, et sur les bords de
la rivière nous vîmes plusieurs villages bâ-
tis par des colonies de Japonais, de Péguans, de Malais et de Portugais nés de
femmes siamoises. Il y a aussi dans ce canton des restes d'anciennes églises chré-
tiennes, fondées par les prêtres des *missions étrangères*. Les ecclésiastiques, venus de Paris, avaient donné ici une très
haute idée de l'Évangile, par leur conduite
désintéressée, charitable, éloignée de toute
ambition, de toute intrigue, et digne de
la simplicité des premiers apôtres du christianisme; mais ils n'ont pas réussi à faire
assez de prosélytes pour y enter la religion chrétienne.

Ce que les dehors de Siam offrent de
plus remarquable, c'est une pyramide bâtie dans une plaine par laquelle nous passâmes pour arriver au monastère. Elle fut
élevée après une victoire remportée dans
ce même lieu sur un roi de Pégu qui périt

dans le combat avec toute son armée.
L'élévation de cette pyramide est de trois
cent soixante pieds, en y comprenant l'aiguille qui la termine, et qui n'en a guère
moins de quatre-vingt-dix. Tout ce que
l'art a pu imaginer, pour la solidité et la
décoration de ce monument, a été employé
à sa construction. C'est un trophée éter-
nel qu'un roi de Siam a eu intention d'éri-
ger à la gloire de son peuple.

En entrant dans le monastère que nous
allions visiter, nous trouvâmes un de ces
moines idolâtres qui faisait sa prière devant une petite statue posée sur une table.
Il chantait sans faire la moindre pause, et
remuait son éventail avec tant d'action,
que nous le prîmes pour un démoniaque.
Sa prière finie, il alluma un cierge devant
son idole et se retira. Le couvent et le
temple occupent un grand espace carré,
environné d'une clôture de bambou. L'é-
glise est au centre, les extrémités sont
bordées de cellules semblables à celles de

ños chartreux. On voit ici de ces monastères où il y a jusqu'à trois rangs de ces
petites maisons isolées. Celle du supérieur
est distinguée par sa grandeur et son élévation. Chaque cellule a une ou deux loges,
pour recevoir les passans qui demandent
une retraite pendant la nuit. Le terrain où
est placé le temple est fermé par quatre
murs qui laissent, entre eux et la cellule,
un grand vide auquel on peut donner le
nom de *cour*. Dans quelques couvens ces
murs sont nus, ici ce sont des galeries couvertes qui ressemblent à nos anciens cloî-
tres ; et sur un contre-mur à hauteur
d'appui, qui règne autour de ces galeries,
on voit une suite d'idoles très bien dorées.
Il y a dans chaque couvent une espèce
d'oratoire ou de salle commune, percée de
petites lucarnes, et remplie de bancs. Au
milieu est un pupitre, et à certaines heures de jeunes écoliers et de jeunes novices
s'assemblent dans ce lieu. Un moine d'un
âge avancé lit d'une voix lente et distincte,

quelques passages d'un livre placé sur le pupitre, et lorsqu'il prononce certains mots, les auditeurs, par respect, portent les mains à leur front.

C'est dans cette salle que le peuple présente ses aumônes, lorsque le temple est fermé. On y voit une grande table toujours remplie de riz, de poissons et de fruits que les dévots s'empressent d'envoyer à ces prêtres. A côté est la statue de *Sommona-Codom*, patriarche des talapoins. Le clocher de l'église est une tour de bois qui renferme une cloche sans battant, sur laquelle on frappe, pour la sonner, avec un marteau.

Comme nous étions partis d'assez grand matin, nous arrivâmes avant l'heure du dîner. Le supérieur nous fit servir un repas meilleur, sans doute, que celui qu'il eût fait seul, mais infiniment moins bon que dans certaines abbayes de nos moines d'Europe; nous n'eûmes que la desserte du patriarche Sommona-Codom. La reli-

gion interdit aux Talapoins la plupart des
viandes, et réduit leur nourriture à l'u-
sage du riz, des fruits, des légumes et du
poisson sec. Cette frugalité est d'autant
plus étonnante que le pays abonde en gibier, en volaille, et en alimens de toute
espèce ; mais les Siamois en général ne
sont pas dans l'usage de s'en nourrir.

Les repas les plus somptueux ne se font
remarquer dans ce pays par aucune espèce
de recherche ; tout s'y place pêle-mêle sans
le moindre ordre. Les convives sont assis
sur des nattes, à quelque distance les uns
des autres, et on les sert séparément. Le
mari est à une table, la femme à une autre, et les enfans sont servis chacun en
particulier. L'heure de manger est le matin dès qu'on est levé ; à midi on fait une
légère collation, et le soir on soupe. L'eau
est la boisson la plus ordinaire ; l'usage est
de la parfumer. On boit aussi du thé dans
les repas. Le seul vin que l'on y trouve
vient de l'étranger. Les Espagnols sont

ceux qui en fournissent le plus. Mais les
Siamois ont différentes espèces de liqueurs
fortes, telles que l'arac, et celles qu'ils
font avec du suc de palmier, comme les
autres Indiens.

Le roi de Siam et les grands du royaume
font usage de vaisselle d'argent et de porcelaine. Les plats qui servent à la table
du prince doivent être larges et profonds.
On croit qu'il est de sa dignité de ne point
user de vaisselle plate. Notre prieur talapoin nous fit manger dans de la très belle
porcelaine; c'est un droit qu'ont les supé-
rieurs des monastères, de se faire servir
comme les grands seigneurs.

Après le dîner nous continuâmes nos
promenades, puis nous prîmes congé de
notre hôte. Nous étions venus à pied ;
nous nous en retournâmes sur des buffles.
On ne fait ici presque aucun usage de
chevaux, ils y sont rares, et l'espèce en est
mauvaise. Les éléphans sont la monture
ordinaire du roi et des mandarins; les par-

ticuliers vont sur des buffles ou sur des
bœufs. Ils ont aussi des chaises qui sont
plus ou moins décorées, suivant la qualité
des personnes, et se distinguent aussi par
le nombre des porteurs.

Une autre espèce de voiture est ce qu'on
appelle à Siam un *palanquin*. C'est une
sorte de lit suspendu à une longue perche,
que des hommes portent sur leurs épaules. On n'en permet l'usage qu'aux mala-
des, aux vieillards et aux étrangers. Il
n'est pas non plus accordé à tout le monde
de se servir de parasols; on le souffre aux
Européens, mais on y admet des distinc-
tions parmi les Siamois; ceux qui ne sont
composés que d'une seule toile sans pentes et sans ornemens sont les moins hono-
rables. Ceux qui ont deux ou trois pentes
plus basses l'une que l'autre, peuvent être
employés par les grands officiers ou les su-
périeurs des abbayes. Le roi seul a le droit
de faire porter devant lui un parasol à
plusieurs étages. Il y a sans doute une fa-

çon particulière pour ceux des éléphans
du roi.

Les voitures de terre sont peu communes à Siam, parce que les voyages les plus
fréquens se font par eau, dans des espèces de barques qu'on nomme *ballons*. Le
corps du bâtiment est d'un seul tronc
d'arbre qu'on creuse avec le fer, et auquel on ajoute un abordage de chaque
côté avec une poupe et une proue très
hautes, qui représentent ordinairement un
dragon, ou quelque autre animal monstrueux dont la tête et la queue sont re-
courbées. Il y a de ces ballons de diverses
grandeurs, et plus ou moins de rameurs
suivant la force du bateau. Au milieu est
ordinairement une loge de bois qui peut
contenir tout une famille, et quantité
de Siamois n'ont pas d'autres habitations
que ces maisons flottantes. Les ballons des
personnes distinguées sont plus ou moins
ornés suivant leur rang. S'il arrive que le
bateau du roi passe sur la rivière, tous

les autres bateaux s'arrêtent, les personnes les plus qualifiées descendent de leur
estrade, se prosternent, et tout l'équipage
en fait de même jusqu'à ce que le monarque ait disparu, comme si c'était une
marque de grandeur, que de tenir des
millions d'hommes dans une posture in-
décente et contrainte. En Europe on se
tient debout; cette attitude nous distingue des animaux. Et c'est être véritablement grand, véritablement roi, que de
commander à des hommes, et principalement à des hommes libres.

LETTRE XXIV.

Inde au-delà du gange ou Indo-Chine. —Royaume
de Siam.—Usages, mœurs, lois.—Tchainat. — Campeng-Pet. — Tiang-Tong. — Metac.

Les premières questions que font les Siamois aux personnes qui viennent les visiter sont celles-ci : *Etes-vous bien ? man-
gez-vous bien ? dormez-vous bien ?* C'est le
compliment ordinaire, comme on demande
en France des nouvelles de la santé. Le
maître du logis fait ensuite apporter du
bétel, du thé, des confitures, etc. La politesse exige que l'on accepte ce qui est
offert. La manière de s'asseoir est de croiser
les jambes en se plaçant sur les nattes ou
sur les tapis ; on ne se sert point de chai-

ses, mais on en a pour les étrangers. Les
Siamois sont très formalistes et ne souffrent point que chacun se place au hasard.
Le lieu le plus élevé est le plus honorable,
et dans un terrain uni, la droite est la
place de distinction. Il n'y a aucun particulier qui laisse asseoir son égal au-dessus
de lui, à plus forte raison son inférieur.
Quand ils vont dans les rues, ils marchent
à la file, et jamais à côté les uns des autres, pour ne point donner la droite à
quelqu'un qui n'est pas d'un rang à le mé-
riter.

C'est manquer de respect aux personnes
qui sont en bateau, que de traverser un
pont dans le temps qu'elles passent des-
sous, aussi celles-ci aiment-elles mieux
faire arrêter le bateau, et attendre, que
de s'exposer à la honte de passer sous les
pieds des autres. On trouve ici fort extraordinaire que dans les villes d'Europe,
les domestiques et les gens du peuple habitent le lieu le plus élevé de la maison ;

v.   8

nul Siamois ne souffrirait que son égal fût
logé dans une chambre plus haute que
celle qu'il occupe lui-même.

J'ai dit que les maisons des Siamois
sont fort simples; il en est de même de
leurs meubles; ils se réduisent à quelques
nattes d'osier ou de paille, qui leur servent de siéges, de sophas et de lits. On voit
chez quelques mandarins des porcelaines
de la Chine, des tapis de Perse et des cous-
sins; les plus riches sont des tours de lit de
mousseline; d'autres couchent sur de petits matelas de coton; mais en général les
Siamois dorment sur des nattes et n'ont
point d'autre couverture que leurs pagnes
qu'ils étendent sur eux, et dont ils restent vêtus; enfin dans les mœurs de ce
peuple tout respire la pauvreté; mais quoique réduits au strict nécessaire, leurs
maisons sont fort propres, leur batterie
de cuisine est de cuivre jaune très luisant.
Ils se baignent trois fois le jour, se par-
fument le corps et les cheveux, mettent

sur leurs lèvres une pommade de senteur,
s'arrachent la barbe à mesure qu'elle croît,
et teignent leurs ongles qu'ils ne coupent
jamais.

Quoique sous la zone torride, ces individus sont moins noirs qu'olivâtres. Ils
ont le nez court et applati , les joues
creuses, la bouche grande, et le visage
assez généralement défiguré par la petite
vérole qui est très contagieuse dans le
pays. Les hommes et les femmes du peuple sont presque vêtus de même. Ils ont
les pieds et les jambes nues, et rarement la
tête couverte. Le vêtement des hommes
est composé de deux pièces de toile ou d'é-
toffe légère , dont l'une les enveloppe jusqu'à la ceinture, l'autre de la ceinture jusqu'à mi-jambes. L'habillement des femmes
est un peu plus long ; elles se couvrent le
sein d'une écharpe, leurs cheveux ployés
en rond s'attachent derrière la tête avec
une aiguille d'or , d'argent ou de cuivre.
Elles chargent leurs oreilles, leurs nari-

nes, leurs bras, leurs mains, leurs doigts de toutes sortes d'ornemens. Elles sont généralement très laides ; mais leur taille, sans être avantageuse, est bien prise et dégagée.

Les habits des mandarins et des grands ne diffèrent, dans leurs maisons, des vêtemens du bas peuple, que par la finesse de la toile ou de l'étoffe ; mais en public, ils sont couverts d'une pièce de soie rayée, ou de mousseline peinte de Masulipatam. Quoique cet habillement ait six à sept aunes de long, il savent si bien s'en envelopper, qu'il ne descend que très peu au-dessus des genoux. Les plus considérables ont un caleçon qui leur serre le haut de la jambe ; ils portent aussi une veste dont les manches et le corps sont fort larges, et qui leur tombe jusqu'au bas du caleçon. Quelques-uns ont des souliers comme les Indiens ; il en est même qui se parent d'un chapeau fait en pyramide, et orné d'un cordon d'or. Ceux qui ne l'ont pas sur la

tête, le font porter derrière eux au bout
d'une canne. Le bonnet qu'ils mettent,
quand ils paraissent devant le roi les jours
de cérémonie, a la même forme, et est
fait d'une bétille empesée et très plissée. Le
prince donne à quelques-uns des couronnes d'or dont ils environnent ces bonnets ;
c'est parmi leurs pairs une grande distinction et une marque de faveur particulière.

Il n'y a point à Siam de noblesse origi-
naire ; elle ne consiste que dans la possession des charges. C'est le monarque qui
en dispose, et ceux qui reçoivent le plus
de faveur sont censés les plus nobles. Dès
qu'un homme perd sa place, il n'y a plus
rien qui le distingue du peuple. Cependant les offices sont héréditaires, mais il
faut toujours l'agrément du souverain, et
la moindre faute, ou le caprice du maître,
peut ôter les plus grandes charges aux familles. Les officiers ne reçoivent aucune
sorte de traitement pécuniaire. Le roi les

loge , leur donne quelques meubles, des
armes, un bateau, des éléphans, quelques terres labourables, et un certain nombre d'hommes qui sont obligés de les servir
pendant six mois de l'année , et qui se
succèdent les uns aux autres. Les emplois
ne sont importans à Siam qu'en raison du
nombre de sujets qui en dépendent. Ceux
que le maître dispense de service lui paient
tous les ans une certaine somme. Mais le
principal revenu de ces charges vient des
concussions qui paraissent autorisées dans
tout le royaume par le silence du prince.

Les *oyas* tiennent le premier rang parmi
les personnes titrées; ce sont comme les
ducs en France, et cette qualité est an-
nexée aux principales charges de la cour
et aux grands gouvernemens. Les *oc-pras*
sont comme nos marquis, comtes ou ba-
rons ; les simples gentilshommes portent
le titre d'*oc-munes*. Ces différens titres ne
se donnent qu'aux places ; on les perd, si
l'on est destitué de sa charge. Les femmes

des seigneurs qualifiés partagent les priviléges et les honneurs dont jouissent leurs
maris. Le roi n'élève personne à une dignité, sans lui faire quitter son nom de
famille, et il lui en confère un de son
choix. Parmi ces officiers, les uns sont employés dans les provinces, les autres à la
cour, et d'autres occupent dans la capitale
des charges de judicature, de finance et
de guerre.

Chaque province a son gouverneur ou
commandant, qui a plusieurs villes sous
sa juridiction. Ils président à toutes les
cours de judicature qui ressortissent d'un
tribunal souverain établi dans la capitale.
Chaque cour est composée de plusieurs officiers; mais le droit de juger n'appartient
qu'au gouverneur, qui doit néanmoins les
consulter. Les uns veillent à la police,
commandent les troupes, lèvent les impositions, ordonnent les corvées. Les autres
ont la direction des magasins royaux, ju-
gent les différends qui s'élèvent parmi les

étrangers, pourvoient à la nourriture des éléphans qui sont dans les provinces, mais toujours sous les ordres du gouverneur.

Les officiers de la cour se rendent au palais tous les matins à huit heures, soit pour assister au conseil d'état, soit pour juger les affaires particulières, soit pour veiller à la santé du monarque. On y reste jusqu'à midi, on y revient à sept heures, et l'on n'en sort qu'à minuit. Si quelqu'un manque à son devoir, ou s'en acquitte mal, on lui donne la bastonnade en présence du roi. Les grands de l'état, les ministres mêmes, n'en sont pas exempts, et chez ce peuple esclave, cette correction ignominieuse ne déshonore point.

Les officiers du dehors mènent une vie plus libre, et sont moins exposés à recevoir des humiliations. Plusieurs occupent des emplois de judicature dans le conseil souverain de la nation, dont relèvent toutes les juridictions du royaume. Ceux qui le composent ont le rang de ministres, et sont chargés de divers départemens; le président de ce tribunal est le chef de la justice; toutes les affaires civiles et criminelles lui passent par les mains; il en juge en dernier ressort, après avoir pris l'avis des autres membres du conseil, sans toutefois être obligé de le suivre. On peut appeler au roi de son jugement.

Les Siamois ont un Code de lois pour la décision des procès civils et criminels, mais comme ces lois s'interprètent à volonté, et que là, comme ailleurs, on s'accorde difficilement sur leur véritable sens, elles sont rarement suivies. C'est presque toujours le président seul qui décide bien ou mal, selon qu'il est plus ou moins éclairé, ou plus ou moins équitable. Dans les affaires criminelles, les juges prononcent sur l'aveu du coupable, ou sur la déposition des témoins, et font exécuter la sentence, s'il n'est pas question d'un arrêt de mort; car c'est au roi seul que ce droit est réservé, à moins que, par une

attribution particulière, il ne l'ait délégué
à certains magistrats. Quelquefois il les
envoie dans les provinces, en qualité d'ins-
pecteurs extraordinaires, pour écouter les
plaintes du peuple, et réprimer les vexa-
tions des gouverneurs. Ces commissaires
ont non seulement le pouvoir de dégrader
les magistrats, de les emprisonner, mais
aussi de les juger à mort. Il est rare qu'ils
usent de ce pouvoir excessif, à moins que
ce ne soit pour motif de vengeance, car
on sait que les loups ne mangent pas les
autres loups.

Dans les causes où l'on manque de preuves pour constater la culpabilité, on a
recours à la question, mesure atroce que
nous avons vu employer en France, et
qui n'a été abolie que sous le règne de
Louis XVI. Les supplices décernés à Siam
contre les criminels sont d'une cruauté
inouïe. On les brûle à petit feu, on les
plonge peu à peu dans l'huile bouillante,
on les attache auprès d'un tigre affamé,

de manière qu'il ne puisse les déchirer que lentement, et d'abord par les extrémités, on leur fait avaler des métaux fondus, et on les nourrit de leur propre chair.

Pour achever de donner une idée de la justice criminelle des Siamois, je ne citerai que ce seul trait. Un mandarin, membre du conseil royal, pour n'avoir pas veillé avec assez de diligence sur la conduite d'un malfaiteur soumis à son département, fut mis dans une fosse étroite, debout, sans pouvoir se tourner, enseveli jusqu'aux épaules, suspendu par le cou, et exposé aux insultes de tous les passans, à qui il était enjoint de lui donner des soufflets. Il resta trois jours dans cet état, ayant à son cou la tête du criminel, sur lequel il n'avait point veillé, et dont on venait de faire l'exécution. Après avoir subi cette terrible punition, le mandarin rentra dans l'exercice de sa charge, et fit ses fonctions comme auparavant.

A Siam, un meurtrier est décapité, et

s'il a un complice, on pend au cou de celui-ci la tête du coupable. Elle y demeure exposée au soleil pendant trois jours, et la puanteur qu'elle exhale est seule un supplice affreux. Il y a une exécution particulière pour les personnes de qualité. On conduit le coupable sur un échafaud dressé devant un temple ; il est étendu sur un drap rouge, et on lui enfonce la poitrine avec une bûche de bois de sandal.

Les parens répondent des fautes de leurs enfans, et la loi les oblige de les livrer lorsqu'ils sont coupables ; mais un fils qui a pris la fuite, après avoir mérité d'être puni, ne manque jamais de revenir et de se présenter au magistrat, si la colère ou la justice du roi se tourne contre son père, sa mère, ou quelques-uns de ses parens.

Outre les officiers et autres personnes employées au service du prince et de l'état, il y a parmi les Siamois deux autres classes d'habitans. Les uns sont esclaves, les au-

tres libres, si l'on peut appeler ainsi des
hommes qui, durant six mois de l'année,
doivent au roi, sans aucune espèce de salaire, un service qui diffère peu de l'esclavage. Les uns cultivent ses jardins,
travaillent dans ses ateliers, composent sa
garde. Les autres sont employés aux travaux publics, et s'ils vont à la guerre, sont
obligés de pourvoir eux-mêmes à leur
subsistance. D'autres enfin servent les
magistrats et les ministres auxquels, ainsi
que je l'ai dit, le roi donne un certain
nombre de gens de corvée.

Cette servitude fatigue tellement le
peuple, que plusieurs des habitans quit-
tent le pays, ou se cachent dans le bois.
D'autres préfèrent l'esclavage à une liberté
de cette nature, se vendent à des maîtres,
dont le service est moins rude que celui
du roi ou de ses officiers. Il en est qui
achètent leur liberté en payant chaque
année une somme au trésor royal. Les
moines sont exempts de toute corvée;

les femmes jouissent du même privilége.
A l'égard des esclaves, les uns le sont de
naissance, les autres en raison des dettes
qu'ils ne peuvent acquitter; les uns par
suite de dégradation, les autres pour avoir
été pris à la guerre. Leurs maîtres ont
tout pouvoir sur eux, à l'exception du
droit de mort.

Tous les sujets libres du roi de Siam
sont obligés d'aller à la guerre, et de servir à leurs propres frais. Ce sont en général de très mauvais soldats. L'infanterie
est mal armée, la cavalerie mal montée,
et les plus grandes forces de l'état consis-
tent dans la multitude des éléphans. Il y
a dans les arsenaux de la grosse artillerie,
qui n'est d'aucune utilité, parce que les
troupes n'ont pas l'adresse de s'en servir.
L'armée navale n'est pas en meilleur état
que celle de terre. On y compte un assez
grand nombre de frégates et de galères,
mais il y manque de bons matelots, de
braves soldats et d'habiles officiers de ma-

rine. Le roi a aussi une multitude de petites barques dont il se sert contre ses
ennemis, sur la rivière ainsi que sur mer,
avec assez d'avantage, parce que les forces
maritimes de ses voisins sont encore inférieures aux siennes; mais il est à craindre
que les Birmans qui déjà lui ont enlevé
plusieurs provinces, ne deviennent de plus
en plus redoutables, non pour le peuple
siamois qui ne peut qu'y gagner, mais
pour le despote et les petits tyrans qui
l'entourent.

Outre ses milices nationales, le roi en-
tretient un corps de soldats étrangers, des
Mogols, des Malais, des Tartares, des Chinois, etc., qui composent une partie de
sa garde. Ils n'entrent point dans le palais,
mais ils en occupent les dehors, et accom-
pagnent le prince dans ses voyages. Quoique préférables aux Siamois, ce sont de
très mauvaises troupes qui n'ont aucune
inclination pour la guerre, et pas la moindre instruction. Ils n'observent aucune

discipline, et ne savent ni attaquer ni
se défendre méthodiquement. Tous ces
moyens de défense seraient d'un bien lé-
ger secours contre une attaque un peu
vive ; mais le pays est naturellement si
bien gardé par des forêts impénétrables,
par la multitude des canaux dont il est
coupé, et par les inondations annuelles,
que les habitans craignent peu d'être atta-
qués ou surpris par les peuples voisins.

Il en coûte si peu au roi de Siam pour
l'entretien de ses places et de ses armées,
que ses revenus, qui sont considérables,
ne servent qu'à grossir ses trésors. Ce
prince fait lui seul tout le commerce du
dehors, et partage avec ses sujets celui de
l'intérieur du royaume, se réservant le
débit des marchandises les plus lucratives.
Celles dont le commerce est libre à tout
le monde sont le riz, le poisson, le sucre,
la cire, l'huile, l'encens, la cannelle, la
casse, le coco, etc. ; mais on ne peut ache-
ter que dans les magasins royaux l'ivoire,

le plomb, le salpêtre, les peaux de bêtes, le soufre, la poudre à canon et les armes.

Une autre source des revenus du roi consiste dans les impositions sur les terres, sur les bateaux, sur l'arack, sur certains arbres, tels que le cocotier, l'oranger, le pimentier, etc. Il a encore d'autres revenus casuels : ce sont les confiscations, les amendes, les présens, les donations que font les seigneurs en mourant, ce que le prince retient sur leurs successions, les taxes extraordinaires, l'exemption des corvées qui s'acquiert à prix d'argent, etc. Toute la monnaie est de ce métal. L'or et le cuivre ne se convertissent point en espèces, et n'entrent dans le commerce que comme marchandise. Dans quelques provinces éloignées, on se sert d'une monnaie d'étain, ronde et plate ; le coin dont elle est marquée représente des oiseaux et des dragons.

Il y a peu d'espèces monnayées à Siam, et on y est généralement fort pauvre. On y voit conséquemment peu de luxe, et les arts y ont fait peu de progrès. Ces peuples, qui s'exercent à toutes sortes de métiers, n'excellent dans aucun, faute d'encouragement. Celui qu'ils cultivent avec le plus d'industrie est la menuiserie; ils font les assemblages avec beaucoup de justesse. Leurs cimens sont très bons; ils brodent assez bien; leurs orfèvres réussissent dans les ouvrages de filigrane; ils sont assez bons doreurs; mais ils n'ont ni étoffes de soie, ni tapisseries; ils n'entendent rien ni à la peinture ni à la sculpture, et n'ont aucune idée de l'architecture. Les corvées auxquelles ils sont assujétis, pendant la moitié de l'année, ne leur permettent pas de s'adonner entièrement à des arts qui exigent un travail assidu, et dont la connaissance la plus parfaite ne serait pour eux d'aucun avantage.

Dès qu'un jeune homme a atteint sa seizième année, on l'inscrit sur les registres publics. On pense alors à l'établir. Ses parens s'adressent à ceux de la fille qui lui convient pour la demander en mariage. Ceux-ci l'accordent, s'il est de la parenté; car c'est la coutume des Siamois de ne s'unir que dans leur famille, et nulle alliance n'est défendue que celle du frère et de la sœur; encore peuvent-ils se marier ensemble, s'ils ne sont point de la même mère. Avant de conclure le mariage, on va consulter les devins, pour savoir si cette union sera heureuse. Quand les parens sont d'accord, les parens du jeune homme vont présenter à ceux de la fille sept boîtes de bétel, et quelque temps après ce présent reçu, on le recommence; le garçon vient ensuite lui-même faire le sien, qui est de quatorze boîtes. Alors il reste dans la maison de son futur beau-père, et y reste un mois ou deux pour faire sa cour à la fille, et afin de les accoutumer à vivre ensemble; puis le mariage se consomme, mais sans dresser aucun acte.

Le jour que l'on doit achever la célébration, les parens s'assemblent avec les
plus anciens du lieu, et mettent dans une
bourse l'un, des bracelets, l'autre, un an-
neau, un autre de l'argent, etc. Un d'eux,
tenant une chandelle allumée, la passe
sept fois autour de ces présens, pendant
que tous les autres font des cris de joie,
en souhaitant une longue et une parfaite
santé aux mariés. Le tout se termine par
un grand festin, après lequel la fille est
conduite chez son mari pour y demeurer.

Les Siamois, quoique mariés, ne laissent pas d'avoir des concubines, mais elles
ne sont regardées que comme des esclaves;
la femme qui a sur elles une pleine autorité, se contente de la préférence que lui
témoigne le mari, sachant d'ailleurs que
ses enfans partageront seuls la succession,
ou du moins que les autres n'en auront
qu'une très petite part. Les épouses légi-
times, en se mariant, conservent le nom de
la famille qui leur a donné la naissance.

Il est rare que les Siamoises soient infidèles, plus rare encore qu'elles disposent
de leur main sans le consentement de leurs
parens. Elles ne sont point insensibles à
l'amour des Européens, mais elles ne s'y
livrent pas avec la même facilité que les
Indiennes. Aussi l'adultère est-il rare à
Siam, parce que les femmes ne sont cor-
rompues ni par l'oisiveté, ni par le luxe
de la table et des habits, ni par le jeu et
les spectacles. Comme la jalousie n'est
qu'un pur sentiment de gloire qui augmente à proportion que la fortune s'élève,
les femmes du peuple jouissent d'une entière liberté, tandis que celles des grands
vivent dans la contrainte, et ne sortent que
pour quelques visites de famille, ou pour
assister aux exercices de la religion.

Les pères ont à Siam un pouvoir absolu
sur leurs enfans; ils peuvent les vendre,
les réduire à la condition d'esclaves, mais
non pas les faire mourir. Ils ont la même
autorité sur les femmes du second ordre,

et, à la mort du mari, l'épouse hérite de ce même pouvoir. Les Siamois élèvent leurs enfans avec beaucoup de douceur, et comme ceux-ci sont naturellement doux, ils font sans peine tout ce qu'on exige d'eux. A l'âge de trois ans ou environ, on les mène à la rivière pour laver leur corps; c'est un jour de réjouissance. On prépare une espèce de salle de festin sur le rivage; les parens, les amis et les connaissances y sont invités, et il y en a peu qui se dispensent d'y assister. Les principaux de la famille les reçoivent au son des instrumens. Les musiciens et les danseurs y sont appelés pour divertir l'assemblée. et ces dépenses ne sont point à charge au père de l'enfant, parce que chaque personne invitée apporte son présent.

Nous n'avons exécuté qu'en partie le projet de visiter l'intérieur du royaume de Siam; à quelques exceptions près, ce n'est guère qu'un vaste désert. A mesure que l'on pénètre dans les terres, on n'y

trouve que des forêts épaisses et des bêtes
sauvages, et par-ci par-là quelques villages au milieu des bois dont les habitans
préfèrent le séjour à celui des villes ; ils
aiment mieux défricher un peu de terre,
et la cultiver en liberté parmi les animaux
féroces, que de vivre dans un esclavage
continuel, exposés à être maltraités par
de barbares maîtres. Le petit nombre d'individus qui peuplent les provinces de
Siam, justifie la réponse que fit un roi
de Golconde à un Siamois qui vantait la
grandeur des états de son maître. « Vous
« avez raison, lui dit le monarque, votre
« maître a des états plus étendus que les
« miens; mais je règne sur des hommes,
« et le roi de Siam ne commande qu'aux
« moucherons et aux singes. » Néanmoins
nous ne saurions regarder comme un temps
perdu, un voyage fait sur un fleuve superbe, dans un ballon pourvu de toutes
les choses nécessaires, et en compagnie
fort agréable.

En remontant le Meinam, nous trouvâmes sur notre route, des arbres qui
nous offrirent un spectacle nouveau.
C'étaient des nids de fourmis placés au
sommet. C'est là que ces animaux pré-
voyans ont leur retraite et leurs provisions,
pour se garantir des inondations qui couvrent la terre pendant cinq à six mois de
l'année. Ces nids, bien formés et maçon-
nés contre la pluie, pendaient de l'extrémité des branches.

La nuit nous procura un spectacle d'un
autre genre. C'est une multitude innombrable de mouches luisantes, dont tous
les arbres qui bordent la rivière sont couverts. On les prendrait pour autant de
lustres chargés d'une infinité de lumières
que la réflexion de l'eau multiplie éton-
namment. Ces mouches phosphoriques
renvoient ou cachent la lumière dont elles
éclatent, avec autant d'uniformité que le
ferait une machine combinée pour produire cet effet.

Au point du jour, nous découvrîmes un grand nombre de singes et de sapajous qui grimpaient sur les arbres, et qui allaient par troupes. Mais ce qui est plus agréable à voir, ce sont les aigrettes, espèce d'oiseau, de la figure du héron, et dont le plumage, aussi blanc que la neige, forme, avec la verdure des feuilles, un contraste dont l'effet est vraiment admirable. On eût, de loin, cru voir des marronniers en fleurs.

Tchainat, où nous nous arrêtâmes quelques heures, était autrefois une ville considérable. Ce n'est plus qu'une place médiocre; il en est de même de *Laconcevan,* dans les environs de laquelle une mine d'aimant excita notre attention. Elle est à l'orient d'une haute montagne, et paraît divisée en deux roches; celle qui est plus au nord est d'un aimant plus vif que l'autre. Elle attirait avec une force extraordinaire les instrumens de fer dont nous nous servions pour en détacher quelques morceaux ; nous ne doutâmes point qu'en fouillant un peu avant, on n'en tirât d'excellentes pièces.

Nous vîmes d'autres mines abondantes en acier près de la ville de *Campengpet*, capitale de la province de ce nom, et peu inférieure à Siam, soit pour l'étendue, soit pour le nombre des habitans. On y faisait alors des réjouissances. Nous assistâmes à quelques-uns des divertissemens dont ces fêtes étaient accompagnées. Le premier fut une comédie chinoise, divisée par actes ; différentes postures hardies et grotesques, et quelques sauts assez surprenans, en formaient les intermèdes. A ce spectacle succéda celui des marionnettes, qui ne sont presque pas différentes des nôtres. Le divertissement fut terminé par une troupe d'hommes et de femmes, disposés en rond, qui dansaient d'une manière bizarre.

On nous fit voir un autre jour des saltimbanques qui montaient sur de grands

bambous plantés comme des mâts, et se
tenaient au sommet, tantôt sur une jambe
tantôt sur l'autre, et ensuite sur la tête,
ayant les deux pieds en l'air. Enfin, après
s'être suspendus par le menton, qui était
seul appuyé sur le haut des bambous, ils
descendaient le long d'une échelle droite,
passant entre les échelons avec une vitesse incroyable.

Tiang-Tong, située dans la partie septentrionale du royaume, fut autrefois une
grande ville, qui a été en partie ruinée
par les guerres dont les environs ont été
le théâtre. Nous trouvâmes, sur notre
route, un grand nombre d'une espèce
d'arbres, appelés ici *tonkoé*, dont l'écorce
pilée est employée par les Siamois à fabriquer le papier. Il est moins blanc, moins
uni et moins fort que le nôtre. On écrit
dessus avec de l'encre de la Chine. Souvent on le noircit pour écrire ensuite avec
de la craie. On se sert aussi d'un autre papier composé de feuilles d'un arbre qui a

quelque ressemblance avec le palmier. On y grave les lettres avec un poinçon, et c'est de ces espèces de tablettes que sont faits les livres d'église pliés en plusieurs sens, comme les feuilles d'un paravent.

Cette même route de Campengpet à Tiang-Tong, était plantée d'une autre sorte d'arbres dont les Siamois cueillent le fruit pour en faire du ciment. On le mêle avec de la chaux, et on l'emploie à blanchir les murailles, et leur donner un lustre qui diffère peu de celui du marbre. Il y en a d'autres qui produisent une gomme dont les Chinois et les Japonais font un vernis admirable. L'arbre qui porte l'aréka y est aussi fort commun.

Métac est la dernière ville du royaume de Siam, du côté du nord. Les forêts et les montagnes des environs sont féconds en rhinocéros, que les Portugais ont nommé les *moines des Indes*, parce que leur tête paraît enveloppée, par derrière, d'un capuchon. La nature a couvert la

langue de ces animaux d'une membrane
si rude qu'elle est peu différente d'une
lime, et ils écorchent tout ce qu'ils veulent lécher. Ils mangent volontiers des
branches d'arbres hérissées d'épines, et
les brisent sans aucune peine, quoique
leur bouche en soit quelquefois ensan-
glantée. On assure que, lorsqu'on fend
par le milieu la corne du rhinocéros,
on aperçoit des deux côtés, comme dans
certains cailloux d'Égypte, des figures
d'hommes, d'oiseaux, d'arbres, d'animaux, et d'autres objets diversifiés. La
plupart des rois des Indes boivent dans
des vases faits de cette matière, qui passe
pour un excellent antidote. On prétend
que si on mettait dans ces vases du poison
et de la liqueur, on verrait sortir une
petite sueur au travers de la coupe. On
fait aux Indes un grand usage de cet animal. Sa peau sert à fabriquer des boucliers,
et plusieurs peuples de cette région se nourrissent de sa chair qu'ils trouvent bonne.

Quand le rhinocéros est dans un état tranquille, sa grosseur n'a rien d'extraordinaire; mais lorsqu'il est en colère, il s'enfle si prodigieusement qu'il en devient monstrueux. Il a, pour l'éléphant, une antipathie naturelle, et est toujours en guerre avec lui. Les rhinocéros savent nager, aiment à se plonger dans l'eau, et courent, à ce que l'on prétend, avec une telle légéreté, qu'ils font quelquefois jusqu'à soixante lieues en un seul jour. Ils ont l'odorat extrêmement subtil, et un chasseur qui veut les attaquer, doit se placer au-dessous du vent.

Avec le vent, le rhinocéros sent de loin toutes sortes d'animaux, marche vers eux en droite ligne, renversant tout ce qui se trouve sur son passage; buissons, arbres, grosses pierres, rien ne l'oblige à se détourner. Avec sa corne il déracine les arbres, arrache les pierres qui s'opposent à son passage et les jette loin de lui, fort haut, et à une grande distance. En

un mot, il abat tous les corps sur lesquels
sa corne peut avoir qnelque prise. S'il ne
rencontre rien, lorsqu'il est en colère, il
se contente de baisser la tête, et de faire
des sillons sur la terre.

Cet animal attaque rarement les hommes, à moins qu'on ne le provoque, ou
que la personne ne soit vêtue de rouge;
dans ce cas, il se met en colère, tâche de
la saisir par le milieu du corps, et la fait
voler par dessus sa tête avec une telle
force, qu'elle est tuée par la violence de
sa chute. Ensuite il vient la lécher si for-
tement qu'il lui enlève toutes les chairs.
Il en fait de même aux animaux qui deviennent sa proie. Si on le voit venir, il
n'est pas difficile de l'éviter, parce qu'il
ne se retourne qu'avec peine, et qu'il ne
voit rien que ce qui est devant lui. Ainsi,
il suffit d'avoir assez de présence d'esprit
pour le laisser approcher à la distance de
sept à huit pas, et de se mettre un peu
de côté. Alors il n'aperçoit plus celui

qu'il poursuivait, et ne peut plus que très difficilement le retrouver.

Toutes les villes qui s'éloignent des rives du Meinam méritent peu d'attention. J'en excepte cependant Cambori, Corazema, Socotray, Sankeloue, Tenasserim et quelques places maritimes. Mais toutes ces villes n'ont rien de comparable à celles d'Europe. La plupart sont un amas confus de cabanes, fermé d'une enceinte de bois, ou tout au plus d'une méchante muraille en briques. Elles sont loin de répondre à l'idée que l'on pourrait en avoir d'après les noms que leur ont donnés les Siamois; car Tiang-tong signifie *vrai or*, Campengpet *mur de diamant*, Laconcevan *montagne du ciel*.

Ayant remonté le Mainam jusqu'aux frontières, en visitant de côté et d'autre les villes et les campagnes qu'offre son rivage, nous descendîmes cette rivière jusqu'à son embouchure. Il nous fut aisé, durant cette route, d'observer cette belle partie du royaume, bordée d'une double chaîne de montagnes qui lui servent de rempart naturel. Au milieu est une vallée longue de cent lieues, d'une largeur médiocre, flanquée de coteaux très riches et arrosée par une infinité de canaux qui y portent l'abondance. On n'y voit aucun arbre semblable à ceux que nous connaissons en Europe ; mais on y trouve les mêmes légumes et les mêmes fleurs. Celles-ci ont moins d'odeur que les nôtres ; en revanche les fruits qui ne ressemblent en rien à ceux que nous cultivons, ont un parfum et une saveur plus sensible , et y sont variés à l'infini. A l'égard des animaux nous en vîmes de toute espèce. Les éléphans vont par troupes dans les forêts.

Parmi les oiseaux qui sont particuliers à ce royaume, un des plus extraordinaires est le *nocto*. Il est plus grand que l'autruche, et peut être mis dans la classe des pélicans. En général, tous les oiseaux de ce pays ont un très beau plumage ; le

jaune, le rouge, le bleu, le vert, sont les
plus ordinaires. Leur ramage n'a rien d'a-
gréable; tous ont un cri qui blesse l'o-
reille. On ne connaît ici ni le cygne ni le
rossignol, mais les moineaux, les corneil-
les, les vautours y abondent, et la plupart
sont très familiers. Ils entrent librement
dans les maisons pour y trouver de la pâ-
ture, et personne ne cherche à leur nuire.
On leur abandonne les enfans qui meurent
avant l'âge de trois ou quatre ans. Les per-
drix et les pigeons font leurs nids sur les
arbres où ils sont à l'abri des inondations.

Les dévots siamois, dans la crainte de
manger leurs parents, dont ils croient que
les ames habitent le corps des oiseaux,
s'abstiennent de se nourrir de leur chair;
et cette opinion fait qu'ils se multiplient
considérablement. On élève des coqs pour
les faire battre ensemble, espèce de divertissement qui amuse beaucoup les Indiens,
et que les Anglais ont naturalisé dans leur

pays d'Europe. Les gens sensés ont une fort mauvaise idée du caractère et de la façon de penser des personnes qui se plaisent à ce spectacle cruel, ainsi qu'aux combats du taureau. Un de nos rois, qui avait le même goût, fit tirer le même présage, qui malheureusement ne s'est que trop vérifié.

Il est peu de pays où il y ait autant de poissons de mer ou de rivière qu'à Siam ; les espèces les plus remarquables sont le requin ou chien marin, l'étoile de mer, le caboche, le crocodile, le lézard d'eau et le chat marin. Le premier est le plus vorace de tous les poissons. Sa grandeur est prodigieuse; on l'appelle *anthropophage*, parce qu'il est l'ennemi le plus dangereux de l'homme; on en a pris qui avaient des hommes entiers, et même un tout armé dans l'estomac; c'est dit-on, ce qui a fait appeler cet animal requin de *requiem*, premier mot de la prière qui se fait pour les morts. On prétend que si l'on tient sa

gueule ouverte avec un bâillon, les chiens
y entrent pour manger ce qu'il a dans le
ventre; quelques-uns croient que c'est ce
poisson dans lequel Jonas a été enseveli
pendant trois jours. On connaît l'usage de
sa peau; elle sert à couvrir les étuis, polir
le bois et même le fer.

Le caboche est un poisson de rivière
qui se trouve dans le Meinam, et dont les
nations voisines de Siam font beaucoup de
cas. Étant séché au soleil il peut tenir lieu
de jambon. Les Hollandais en portent chaque année de fortes provisions à Batavia,
et c'est pour les Siamois un objet considérable de commerce. Le crocodile cause de
grands ravages sur les bords du Meinam;
c'est le requin des rivières, ceux qui s'y baignent sont exposés à ses attaques. Pour
s'en garantir, les Siamois entourent d'une
cloison de cannes les endroits où ils vont
se baigner. Le lézard d'eau n'est guère plus
gros ni plus grand qu'une sang-sue; sa
morsure cause la mort au bout de quel-

ques heures, tant son venin est subtil.
C'est un animal de passage qui ne fré-
quente la rivière de Siam que tous les neuf
à dix ans. La chaleur jointe à l'humidité
fait naître dans les campagnes d'autres rep-
tiles dont le détail serait infini.

En suivant le cours de la rivière, nous
repassâmes dans la capitale, où nous restâmes quelques jours pendant lesquels
nous assistâmes à la cérémonie qui se pratique à l'ouverture du labourage. C'était
autrefois le roi lui-même qui y présidait,
et formait avec la charrue quelques sillons. Cette noble fonction est aujourd'hui
abandonnée à un substitut qu'on crée
tous les ans, et qui a le titre de *prince* ou
de *surintendant du roi*. Il est monté sur un
bœuf, et accompagné de plusieurs officiers
qui le servent avec de très grandes marques de respect. Cette espèce de royauté
ne dure que vingt-quatre heures. Les
jours suivans se passent en divertissemens,
et les Siamois en ont de plusieurs espèces.

Nous vîmes d'abord une image des anciennes joutes grecques et romaines ; c'étaient des lutteurs qui combattaient corps à corps, à coups de coudes et à coups de poings. Leurs mains étaient garnies d'une espèce de bourrelet de cordes, au lieu du gantelet dont se servaient les Romains. Un autre spectacle, dont nous n'avions pas encore vu d'exemple dans nos voyages, est la course des bœufs, qui a quelque chose de singulier dans son appareil. On marque un espace d'environ cinq cents toises de longueur, sur deux de large, avec de grands pieux plantés aux quatre coins pour servir de bornes, autour desquelles se fait la course. Les juges sont assis au milieu de l'espace sur un échafaud élevé, et décernent le prix au vainqueur.

Les bœufs sont conduits par des hommes qui courent devant, et qui tiennent l'animal par un cordon passé dans ses naseaux. De distance en distance, il y a d'autres hommes qui relèvent ces coureurs. Souvent une paire de bœufs attelés à une charrue court contre deux autres bœufs également attelés. Les uns et les autres sont aussi menés par des hommes, mais en même temps il y a quelqu'un derrière chaque charrue, pour la soulever et empêcher qu'elle ne pose à terre. Ceux qui soutiennent les charrues sont pareillement relayés de distance en distance. Les assistans bordent le lieu de la course, et font entr'eux des paris, comme les Anglais aux courses de chevaux. Les grands seigneurs ont de jeunes bœufs bien taillés, dressés pour cet exercice; quelquefois ils emploient des buffles élevés pour cet usage, et qui courent avec la même vitesse que les chevaux les plus lestes.

Un autre amusement qui est fort du goût des Siamois, et même de la cour, c'est ce que nous appelons le cerf-volant. Celui du roi reste en l'air toutes les nuits, pendant deux mois de suite; des mandarins sont nommés pour en tenir la corde, et se relèvent successivement. Ce fait paraît à peine croyable; mais n'a-t-on pas vu en France de graves magistrats faire mouvoir avec un fil une figure de carton à laquelle on avait donné le nom de *pantin ?* On attache une lumière au cerf-volant, et quelquefois une pièce d'or, pour celui qui le rapportera, s'il arrive que la ficelle se rompe.

Un divertissement plus digne d'un roi, et qui présente un intérêt plus général, ce sont les courses sur la rivière. C'est véritablement un plaisir que de voir une infinité de barques légères fendre les eaux, et voguer à l'envi l'une de l'autre, avec tant de vitesse, que l'œil peut à peine les suivre. On a voulu imiter à Paris, dans des réjouissances publiques, ces sortes de rameurs; mais au lieu de cette rapidité des barques siamoises, nos lourdes barques n'offrent que d'épais bateliers vêtus de toile, qui se jettent dans l'eau pour faire rire la populace.

A Siam, quand le roi, pour exciter l'é-
mulation, propose des prix à ceux qui ar-
riveront les premiers au palais, la ville
entière et tout le peuple d'alentour accou-
rent à ce spectacle. Cette foule est rangée
vers les rives, sur une infinité de bateaux
qui forment deux lignes, et occupent un
espace de plus de trois lieues. Rien n'est
comparable à la dextérité de ces rameurs,
qui jettent continuellement des cris de
tristesse ou de joie, suivant qu'ils perdent
ou qu'ils gagnent l'avantage. Le prince
est quelquefois lui-même de la course
qu'il propose; et comme son ballon est
fourni d'un plus grand nombre de rameurs, il remporte toujours la victoire,
et le bateau royal rentre victorieux dans
la ville.

Après avoir vu toutes ces fêtes, nous
continuâmes notre route vers la mer, et
nous visitâmes quelques places, dont les
principales sont Tenasserim, ancienne
ville sur la rivière de son nom, assez bien

peuplée, et qui a un bon port; et Merguy, dont le port est le plus beau de l'Asie; ce qui donne aux habitans la faculté de faire un grand commerce. Nous assistâmes à la réception de deux magistrats. Tout homme qui entre en charge est obligé de prêter serment. On lui fait boire une certaine quantité d'eau, en présence d'un talapoin qui prononce mille imprécations contre le récipiendaire, dans le cas où il manquerait à ses engagemens.

Les Siamois font aussi, entr'eux, un serment, qu'ils appellent *serment d'amitié.* il consiste à boire du même arak, dans la même tasse, et quelquefois à avaler du sang l'un de l'autre; ce qui n'empêche pas qu'ils ne se brouillent comme ailleurs, et ne se haïssent de même. La ruse, l'inconstance, la lâcheté et la dissimulation, effet naturel du despotisme, sont les vices coutumiers de ce peuple esclave, contre lesquels les sermens ont peu de force. C'est par la calomnie qu'il exerce ses haines secrètes et ses vengeances; et le serment est un des moyens qu'il emploie pour s'y livrer plus sûrement.

Les Siamois ont en horreur l'effusion du sang, et sont naturellement doux, flegmatiques, sobres, désintéressés plutôt par indolence que par vertu. Leur indifférence approche de l'insensibilité; ils n'admirent rien, négligent les exercices de l'esprit et du corps; sans les corvées auxquelles ils sont assujétis, et la course de bateaux dont ils sont très jaloux, et pour laquelle ils apprennent de bonne heure à manier la rame, ils vivraient dans une inaction absolue. Ils ont d'ailleurs la conception assez facile, de la netteté dans les idées et de la vivacité dans les reparties. Ils ne sont sujets ni à l'ivrognerie, ni à la colère; ils ont de la modération, de la politesse, et peu d'inquiétude pour les événemens de la vie. Ils sont fiers et orgueilleux avec ceux qui les craignent, bas et rampans quand on les traite avec hauteur; de là, ce respect infini et qui va jusqu'à l'adoration pour les gens en place, et les personnes d'un rang élevé.

L'usage veut que, lorsqu'on rencontre un mandarin, on ôte sa chemise qu'on roule promptement autour du corps, pour le saluer, comme ailleurs on ôte son chapeau. Les disgraces touchent peu les Siamois, et ils souffrent avec constance les supplices les plus rigoureux. La modestie et la pudeur sont des vertus particulières à ce peuple, qui ne se permettrait point de se baigner à nu dans la rivière. Quoique peu attachés à leur religion, qu'ils ne connaissent pas plus que le peuple des autres pays, les Siamois en révèrent les ministres; ils se plaisent à orner les temples, et à enrichir les moines. Superstitieux, comme tous les Indiens, ils croient aux présages, ajoutent foi aux talismans, aux maléfices, et les divers objets qu'ils rencontrent, leur font suivre ou abandonner une affaire importante. Au reste, ils ont cela de commun avec beaucoup d'hommes de la classe la plus illustre; les plus célèbres généraux romains s'abstenaient de donner bataille, quand les poulets sacrés ne mangeaient pas, et l'empereur Auguste fut inquiet tout une journée, parce qu'en s'habillant le matin, il avait chaussé le soulier droit au pied gauche.

La langue siamoise est très difficile surtout pour les Européens. Elle a beaucoup d'accens, comme celle chinoise, et l'on chante en parlant. Elle est d'ailleurs peu abondante, et le tour de la phrase n'en est que plus difficile par ses variétés. Comme elle manque de mots, on est obligé d'avoir recours à des périphrases. Par exemple, les lèvres se nomment *lumière de la bouche;* les fleurs, *gloire des bois;* les rivières, *mère des eaux.* Les savans et les personnes polies ont un langage particulier, appelé *bali.* On s'en sert particulièrement dans les livres de religion et de jurisprudence. L'une et l'autre langue s'écrivent, comme en Europe, de gauche à droite. On évalue la population de ce royaume à quatre millions d'habitans.

―――――

LETTRE XXV.

Inde au-dela du gange ou indo-chine. — Malaya, ou Malaca. — États divers. — Ligor. — Patani. — Tronganon. Pahang. — Johor, — Quéda. — Ile de Poulo - Pinang. — Péra. — Salaugore. — Malaca; — Iles d'Andaman, de Nicobar , de Siam.

Au sud-est du royaume de Siam, s'étend la Péninsule de Malaca, longue de deux cents lieues sur une largeur de trente à quarante. Elle est divisée en divers petits états qui tous sont situés sur les côtes, à l'exception de celui de Manang-Cabo placé dans l'intérieur, et séparé du territoire des Hollandais par les montagnes de Ramboun. Mais avant d'arriver à cette presqu'île, il nous a fallu traverser le royaume de *Ligor*, naguère province Siamoise , et

dont les habitans se sont soustraits au joug
de la mère patrie, si toutefois on peut appeler ainsi un pays où règne le despotisme. Ce nouvel état n'a rien encore de
remarquable. Un avantage qui lui est particulier, c'est de produire l'étain pur,
qu'on distingue par le nom de *calin*. Les
côtes de Ligor sont bordées d'ilots rocail-
leux comme celles de la Suède.

Patani, chef-lieu du royaume de ce
nom est la première place où nous nous
sommes arrêtés dans la Péninsule. Elle est
bâtie en bois et en roseaux. La mosquée
seule est de brique. Ce petit état faisait aussi
partie anciennement du royaume de Siam,
et ses habitans sont Siamois, Malais et
Chinois. Ces derniers y font tout le commerce. Les Siamois cultivent les terres, et
les naturels du pays vivent dans l'indolence et la pauvreté qui en est la suite nécessaire. Ils ont cependant quelques bonnes qualités. Ils s'abstiennent du vin, de
l'arak et de toute espèce de liqueurs for-

tes ; leur sobriété est remarquable ; mais ils aiment les femmes à l'excès, et l'excès en tout est un défaut.

Il se fait à Patani un grand commerce de ces nids d'oiseaux dont les Orientaux font un mets délicat, et qui se vendent principalement à la Chine pour les tables des mandarins. On y trouve aussi en assez grande abondance ce qu'il y a de plus recherché en fruits, en gibier et en volaille. Les paons surtout y sont très communs, et les plumes de leurs queues sont employées à parer les viandes qui se servent chez les grands. Le roi de Patani payait autrefois à celui de Siam un tribut qui consistait en une fleur d'or, accompagnée de quelques habits d'écarlate ou de velours.

Les autres états situés sur la même côte, celle orientale, sont *Tronganon* ou *Tingano*, dont on vante le chef-lieu comme un marché favorable pour l'achat du cuivre et de l'étain. Vient ensuite *Pa-*

hang, qui exporte de l'or, de la noix d'a-
rak ou des rotins. Le royaume de Johor
occupe l'extrémité méridionale de la presqu'île ; il est vassal d'un chef de pirates
qui se qualifie roi de *Riom*, et qui ré-
side dans une des îles qui séparent le dé-
troit de Singapoura de celui de Malaya.

En parcourant la côte occidentale, on
rencontre *Quéda*, qui tire son nom de sa
capitale ; ville d'environ huit mille ames,
avec un port très fréquenté, où il se fait
un grand commerce d'étain et de dents d'é-
léphans. Les Anglais possèdent sur les côtes de ce royaume l'île de *Poulo-pinang* à
laquelle ils ont donné le nom d'île du
Prince de Galles. Ils doivent cette possession au mariage d'un de leurs capitaines
qui épousa la fille du roi de Quéda, reçut
cette île en dot, et en fit la cession à sa
patrie. Les Anglais y ont formé un éta-
blissement important, soit que l'on considère la position du port qui domine le dé-
troit de Malaya, soit que l'on apprécie la

fertilité du sol couvert de forêts, de tek, de cannes à sucre, de rizières, et où le poivre et l'indigo ont parfaitement réussi.

Le royaume de *Pera* est un des plus riches en étain, mais il ne tire aucun parti de cet avantage. Il est gouverné par des princes mahométans, qui portent la superstition au point de défendre l'exploitation des mines, dans la crainte d'offenser les génies des montagnes. Ces mines sont dans des vallées où il faut d'abord enlever de grandes racines d'arbres, quelquefois jusqu'à sept pieds de profondeur. On trouve le minerai dans un sable très fin auquel il ressemble. Dès que l'on découvre un banc de pierre, on cesse l'exploitation, bien que cette pierre paraisse elle-même contenir de ce métal.

En suivant la côte on rencontre encore un petit état, connu sous le nom de *Salangore*, sur lequel nous n'avons pu obtenir aucun renseignement; à en juger par le peu d'intérêt que présentent ces misé-

rables royaumes, on ne perd pas beaucoup
à n'avoir aucune connaissance de celui de
Salangore. Ce qu'il est important de vous
faire connaître, c'est la ville de *Malaca*
et son territoire.

Cette place, généralement regardée
comme la capitale de la péninsule, a été
fondée par un prince malais, vers le milieu du quinzième siècle. Elle fut conquise
par les Portugais en 1511, époque où elle
était une des plus florissantes de l'Asie, par
l'étendue de son commerce. Toutes les
marchandises de la Chine, du Japon, des
Moluques, du Bengale, du Malabar et du
golfe persique venaient débarquer dans
son port. Elle envoyait au dehors des colonies nombreuses qui répandaient sa
gloire et ses richesses dans diverses contrées. Sa langue même passait pour la plus
belle de celles usitées dans les Indes ; les
nations polies s'empressaient de l'appren-
dre, et elle est encore aussi répandue dans
l'Orient, que l'idiome français en Europe.

C'est tout ce qui reste à cette ville fameuse de son ancienne célébrité. Devenue la conquête des Portugais, elle fut éclairée des lumières de l'évangile, mais elle perdit son commerce. Tandis que le saint missionnaire Xavier y bâtissait des églises et un collége pour ses confrères, les Portugais imposaient aux navigateurs des droits exorbitans qui éloignaient de ses ports les nations asiatiques. Les Hollandais s'emparèrent de Malaca en 1641, et abolirent d'un seul coup la domination portugaise, la religion catholique et le commerce.

L'église où a prêché saint François-Xavier sert aujourd'hui de temple aux protestans, et son collége de magasin. Tous les ans, les Hollandais célèbrent l'anniversaire de leur conquête, et partout où l'on jette les yeux, on voit l'hérésie triompher sur les débris de la vraie religion. Il est permis aux idolâtres et aux mahométans d'avoir les uns des pagodes, les autres des mosquées; les seuls catholiques ne peuvent avoir ni chapelle, ni oratoire, ni aucun monument public de leur culte, parce que les Hollandais ne sauraient oublier ni les horreurs du massacre de la Saint-Barthélemy en France, ni les persécutions exercées au nom du roi d'Espagne, dans les Pays-Bas. Tel est l'état actuel de cette ville dont les nouveaux maîtres ont porté le principal commerce à Batavia, la plus importante de leurs colonies.

Le centre de cette presqu'île paraît être entièrement envahi par de vastes forêts primitives, repaire d'animaux sauvages. On n'y connait ni villes ni villages. Des voyageurs plus ou moins intrépides ont vainement tenté de pénétrer dans l'intérieur de ce pays inaccessible à l'homme. Réduits à nous contenter des rapports d'autrui, sans pouvoir nous assurer de leur exactitude, nous avons appris qu'on y rencontre, dans la plaine, des taillis de buissons, où il faudrait s'ouvrir une route à

coups de hache, et des marais où les indigènes seuls savent marcher sur des troncs
d'arbres abattus. Si l'on arrive à une hauteur, on aperçoit de beaux arbres qui
flattent agréablement la vue; mais entre
ces arbres, des ronces, des épines, des
plantes sarmenteuses s'entrelacent souvent de manière à fermer absolument le
chemin.

Les moustiques voltigent en nuées dans
ces forêts; à chaque pas on court le
risque de fouler un serpent venimeux.
Les léopards, les tigres, les rhinocéros,
troublés dans leur asile héréditaire, dévo-
reraient tout voyageur qui ne serait pas
accompagné d'une forte escorte, munie
d'armes à feu, et qui n'entretiendrait
pas un feu continuel pendant la nuit.
Les Malais pourraient bien, s'ils avaient
assez de courage et quelque bonne volonté,
aider les voyageurs dans leurs recherches;
mais ils sont, dit-on, cent fois plus dangereux que les tigres et les serpens, et ne

suivent qu'à regret les Européens. Il y aurait même de l'imprudence à se confier à cette espèce d'hommes qui, à la moindre apparence du danger, prendraient à l'instant la fuite, et vous abandonneraient sans pitié.

Les parties les mieux connues de cette presqu'île produisent du poivre et diverses autres épices, ainsi que quelques espèces de gommes. Les forêts y sont ornées d'une verdure éternelle; il y croît des bois précieux tels que l'aloës, le bois d'aigle, le sandal, et le *cassia odorata*, espèce de cannellier. On y respire un air embaumé par une quantité innombrable de fleurs qui naissent continuellement; mais l'état inculte du pays donne naissance, en beaucoup d'endroits, à un air pestilentiel, et s'oppose à ce que les vivres soient aussi abondans qu'ils pourraient l'être, si les habitans se livraient à la culture. Au reste le poisson, les légumes et les fruits ne manquent point. Les Malais ne paraissent

pas amateur de la chasse qui leur fourni-
rait sans doute un surcroît de nourriture ;
aussi ignorent-ils quels sont les animaux
divers que recèlent leurs forêts.

On trouve dans ce pays une multitude
d'oiseaux plus brillans les uns que les autres. On cite particulièrement une espèce
de poule qui a quelque'ressemblance avec
l'oiseau de Junon ; elle ne possède pas la
queue du paon, mais son plumage est orné
d'aussi belles taches. Quelques rivières
roulent des parcelles d'or ; on ne s'occupe
nullement à en tirer parti. L'étain est le
seul minéral que l'on exploite ; il y en a
de plus ou moins beau suivant les cantons.

Les peuples qui habitent l'intérieur de
la péninsule se tiennent dans les bois et sur
des rochers inaccessibles, ne vivent que
de fruits ou de quelques animaux de leurs
forêts, et abandonnent la culture des
terres aux Chinois qui ont établi une colonie florissante dans ces quartiers.

Les Malais, barbares et sauvages, aiment assez les Européens à cause de leur blancheur, et dès qu'ils les voient arriver sur leurs côtes, ils vont leur offrir leurs filles et leurs femmes pour avoir des enfans qui leur ressemblent. La religion qu'ils professent est la mahométane, avec quelque mélange d'idolâtrie. Ils sont tout à la fois dévots et vicieux, et allient le vol, l'injustice, l'impureté aux plus étroites observances de leur culte. Combien de catholiques font les mêmes choses, et y ajoutent encore l'hypocrisie !

En attendant une occasion de nous rendre dans l'empire d'Anam, nous avons visité quelques îles de l'Inde au-delà du Gange, et qui en font partie. Les unes sont situées dans le golfe du Bengale, et portent les noms d'*Andaman* et de *Nicoban*; les autres dans le golfe de Siam sont connues sous les dénominations de Pulo-Condor, Pulo-Uby, et Pulo-Timon.

Les îles d'*Andaman* forment un groupe assez considérable, et sont contiguës,

mais plus ou moins étendues. La plus
grande a environ cinquante lieues de long
sur huit de large ; elle est découpée par
des baies profondes, formant d'excellens
hâvres, et divisée par de vastes golfes
dont l'un, navigable pour de petits vaisseaux, traverse entièrement l'île.

Les habitans des Andamanes sont très
peu civilisés, ou paraissent avoir une antipathie singulière pour les étrangers.
Leur chevelure est laineuse, et ils ressemblent aux nègres dont ils ont le caractère féroce et astucieux. Ce sont des espèces
de sauvages dont le nombre s'élève à environ trois mille. Ils sont généralement
maladroits, et ne savent ni construire un
bateau, ni employer un filet, deux talens
qui leur seraient cependant d'une grande
utilité ; car la mer qui les environne
abonde en poissons de diverses espèces,
parmi lesquels on distingue les mulets,
les soles et les huîtres qui sont excellentes.

Les îles de *Nicobar* forment trois petits

groupes, la plus septentrionale s'appelle Car-Nicobar; toutes ces îles produisent en abondance des cocos, de l'arek, des cannes à sucre, de l'excellent bois de tek, et du bois de sassafras qui est très aromatique. L'arbre nommé *Larum* par les Indigènes, et *Mellori* par les Portugais, donne un fruit meilleur que celui de l'arbre-à-pain d'Otaïti, du quel il diffère de caractère. Les bœufs amenés d'Europe y ont extrêmement multiplié, et les nids d'oiseaux bons à manger, si estimés par les Chinois, y abondent. Le peuple est d'une couleur cuivrée, ses yeux sont petits et fendus obliquement. Leur origine est encore inconnue.

Les îles du golfe de Siam sont habitées, la première par des Cambodgiens, les autres par des Malais; mais elles n'ont rien de remarquable, et il faut avoir eu du temps à perdre pour y faire un voyage.

On comprenait autrefois, dans la région de l'Inde, diverses îles importantes telles que Sumatra, Java, Bornéo, les Célèbes, les Moluques, les Philippines et les Mariannes ; mais on les comprend aujourd'hui dans ce que l'on appelle *l'Océanique*, nouvelle dénomination géographique imaginée pour désigner les îles du Grand Océan, et l'archipel au sud-est de l'Asie, avec la Nouvelle Hollande. Je me réserve de vous donner connaissance de cette cinquième partie du monde, quand j'aurai recueilli des documens certains sur les peuples divers qu'elle renferme.

~~~~~~

LETTRE XXVI.

INDE AU-DELA DU GANGE. — EMPIRE D'ANAM. — Le
Tunking. — La Cochinchine. — Le Tsiampa. — Le
Cambodge. — Le Laos. — Le Lac-Tho, etc. — Villes
principales.

———

Le pays dont je vais vous entretenir,
sous le nom *d'empire d'Anam,* est comme
celui des Birmans, un composé de divers
royaumes réunis sous une seule et même
domination, après une longue suite de
révolutions et de guerres dont peuples et
princes ont été victimes. Il est formé des
royaumes de Tunking, de Cochinchine,
de Cambodge, de Laos, de Tsiampa et de
Lac-Tho. Cet état borné au nord par la
Chine, à l'est par la Chine et la mer de
Chine, au sud par cette même mer, et à

l'ouest par le royaume de Siam, est situé dans la presqu'île de l'Inde au-delà
du Gange, et compte aujourd'hui environ
vingt - trois millions d'habitans.

Le Tunking et la Cochinchine faisaient
originairement partie des provinces de
l'empire chinois. Ils furent ensuite gou
vernés par des souverains particuliers
qui payèrent long-temps tribut à la Chine.
Divers événemens dont le récit serait trop
long ont d'abord réuni ces deux états
sous un même monarque qui ainsi que sa
famille fut sacrifié à l'ambition d'un usur-
pateur à l'exception du prince héréditaire
qui échappa comme par miracle, et après
avoir long-temps erré, et vécu caché,
sut profiter habilement des troubles qui
agitaient ses états pour les reconquérir,
et y ajouter de nouvelles provinces. Vous
trouverez bon sans doute que je vous
donne une idée de ce prince qui a fait
tant de choses dans l'espace de dix années,
et qui, comme Pierre le Grand, a pour

ainsi-dire retrempé sa nation. Son nom
est N'guyen-Choung.

On l'a représenté comme un soldat par-
fait; on dit qu'il se tenait plus honoré du
titre de général que de celui de souverain. Brave sans rudesse, il était fécond
en expédiens, prudent dans ses décisions,
prompt et vigoureux dans l'exécution de
ce qu'il avait une fois résolu, toujours au
poste le plus remarquable dans une bataille. Ses conceptions étaient généralement justes et les difficultés ne le rebu-
taient jamais. A la tête de ses armées, il
se montrait constamment d'une humeur
gaie et agréable; poli et attentif pour
tous les officiers, il évitait soigneusement
de marquer pour aucun une préférence
particulière; sa mémoire était telle qu'il
connaissait par leur nom presque tous
les soldats de son armée; il prenait plaisir à causer avec eux, et à leur rappeler
leurs actions d'éclat; il s'informait avec
un soin particulier de leurs familles, et

entrait avec une bonhomie admirable dans les plus petits détails de ce qui avait rapport à leur ménage et à leurs enfans.

La conduite de ce prince avec les étrangers était pleine d'affabilité et de complaisance ; il marquait la plus haute estime pour les officiers français qui, pénétrés de la justice de sa cause, s'étaient mis à son service, et l'aidaient à la fois de leurs connaissances et de leur bravoure. Jamais il ne faisait une partie de chasse, ou ne prenait un divertissement sans y inviter tour-à-tour quelques-uns d'eux. A l'aide de traductions dans sa langue de beaucoup d'articles de l'Encyclopédie, il s'était instruit dans les arts et les sciences de l'Europe, et s'était surtout appliqué à tout ce qui concernait la construction des navires et la navigation. Pour joindre la pratique à la théorie de l'architecture navale, il avait acheté un vaisseau portugais, uniquement pour le dépecer de ses mains, et le reconstruire ensuite.

L'énergie de son esprit égalait sa vigueur et la force de son corps. Il était le
principal mobile de tout ce qui se faisait
dans son empire; et rien ne s'entrepre-
nait, rien ne s'exécutait sans son avis et
ses instructions. Pour vaquer plus sûrement aux fonctions du gouvernement, il
s'était assujéti à un plan de vie fixe et
réglé qui ne lui laissait guère que six
heures de repos chaque jour. Ses repas
étaient fort courts. Fort peu de viande,
un peu de poisson, de riz, de légumes,
de fruits, quelques pâtisseries et du thé,
telle était sa nourriture; jamais il ne
buvait de vin de la Chine ni de liqueur
spiritueuse. Ce prince était de taille
moyenne; il avait le visage régulier et
agréable, le teint rougeâtre et bruni par
le soleil. Il a régné jusqu'en 1820, et a
eu pour successeur Min-Mend, fils d'une
de ses concubines, mais qui par plusieurs
exploits et de grandes qualités mérita
d'hériter du trône. Venons maintenant à

la description des différentes parties de cet empire.

Le Tunking et la Cochinchine sont divisés en onze provinces; chacune a un gouverneur général militaire et un juge civil. Elle est en outre divisée en plusieurs départemens, qui chacun ont un préfet militaire et un préfet civil, et sont eux-mêmes subdivisés, d'abord en arrondissemens, ceux-ci en cantons, les cantons en communes, celles-ci en sections. A l'exception des dernières qui n'ont pour les régir qu'un maire ou président, toutes les autres divisions ont un officier militaire et un officier civil.

Ketcho, aujourd'hi Bac-King, ancienne capitale du Tunking, n'appartient plus à aucune de ces provinces; mais elle sert de noyau ou de centre commun aux quatre principales qui sont appelées provinces du sud, de l'est, du nord et de l'ouest, suivant la position qu'elles occupent relativement à cette ville, qui est située sur la rivière de Sang-Koï à quarante lieues de la mer, et égale Paris en étendue. N'allez pas croire que sa population soit aussi multipliée et les maisons en aussi grand nombre que dans la capitale de la France ; il n'y a guère que quarante mille habitans dans Bac-King ; des cabanes, de larges rues et des jardins occupent la plus grande partie du terrain sur lequel cette ville est bâtie. Les palais du roi et ceux des mandarins sont seuls construits en briques séchées au soleil.

Fou-Chouan, capitale de tout l'empire, et la résidence du souverain, est située dans la province de Houé ; elle est bâtie dans une île formée par plusieurs bras d'un fleuve, que d'assez grands vaisseaux peuvent remonter, mais dont l'entrée est difficile. Les fortifications de cette ville ont été construites à l'européenne en 1804. Il n'y a dans l'intérieur que le palais du roi, les casernes, la garde et les tribunaux. Le peuple et une grande partie des magistrats demeurent dans les communes environnantes, situées de l'autre côté du fleuve. Quelques autres villes ont paru assez importantes pour être également fortifiées comme la capitale. Dans le nombre, on cite principalement *Quin-Hon*, et *Qui-Phu* dans la Cochinchine centrale, et *Say-Gond*, dans la province de *Dong-Nay*, basse Cochinchine.

Le *Tsiampa* était autrefois, dit-on, un royaume considérable. Avant le quinzième siècle de l'ère chrétienne, il était borné au nord par le Tunking, et au sud par le Cambodge; il paraît avoir anciennement fait partie de la Cochinchine, dans laquelle il est enfermé. Ce pays n'a point de villes, mais seulement de très petits villages. Les anciens habitans réduits à six à sept cent mille ames vivent retirés dans les montagnes de la province de *Bink-Thouan*, dont ils ont abandonné les côtes aux Cochinchinois. Les restes de ces peuples conservent leurs anciens usages; ils ont un

chef de leur nation subordonné au gouvernement de Bink-Thouan.

Le *Cambodge* est composé de trois régions physiques, la vallée que le fleuve
Mey-Kon inonde, et qui renferme de
grandes îles; les déserts qui commencent où
finissent les inondations, et qui ont beaucoup d'étendue à l'est ; enfin les côtes généralement basses, sablonneuses et couvertes de taillis, et baignées par une
mer peu profonde. Le pays est médiocre-
ment peuplé. La capitale appelée aussi
Cambodge ne consiste qu'en une seule
rue et un seul grand temple. Elle est située sur le Mey-Kon. Cette ville est assez
commerçante, la production principale du
pays est la gomme dite de Cambodge,
qui donne une fort belle couleur jaune ;
mais on y trouve aussi de l'ivoire, des bois
précieux et tout ce qui peut être nécessaire à la nourriture. Il s'est établi dans
ce pays des Japonais, des Chinois et des
Malais. On peut à peine distinguer ces

derniers des naturels dont le teint est d'un jaune sombre, et qui ont de longs cheveux noirs.

Le *Laos*, situé au nord-est du royaume de Siam, et au nord de Cambodge, est un plateau, ou plutôt une grande vallée dont le sol, considérablement élevé, est baigné par divers bras d'une grande rivière qui l'inondent une partie de l'année. Le riz y abonde dans les plaines; les montagnes présentent des forêts immenses; Les eléphans et les buffles y sont très communs. Les habitans ont quelque ressemblance avec les Chinois méridionaux. Leur teint est olivâtre; ils sont généralement bien constitués, de bonne mine, robustes, doux, sincères, mais portés à la superstition et à la débauche. La chasse et la pêche sont presque leurs seules occupations.

Avant que ce pays fût réuni à l'empire d'Anam, il était gouverné par un souverain absolu qui ne se montrait en public

que deux fois par an , et était le plus souvent esclave des prêtres et des ministres.
Les Talapoins, dont le chef prenait le
titre de radjah , bravaient l'autorité civile,
vivaient dans la licence, et opprimaient le
peuple et même la noblesse. On rapporte
que ces Talapoins se sont permis envers
des missionnaires qui voulaient faire pré-
valoir. le christianisme sur la religion du
pays, une plaisanterie très mordante.
« Vous voyez, leur dirent-ils, que nous
« avons un système religieux très complet :
« des pagodes à flèches dorées, des pyra-
« mides, des images de divinités couver-
« tes de lames d'or, un culte rempli de
« cérémonies; nous formons un clergé
« puissant, riche et heureux; avant de
« nous prêcher un changement de reli-
« gion, apprenez notre langue , prenez
« nos vêtemens, vivez parmi nous, à
« notre manière, suivez nos études, en-
« trez dans nos ordres sacrés, et quand
« vous aurez subi cette épreuve, vous

« aurez la liberté de prêcher contre nous,
« et d'essayer de nous convertir. »

La capitale, appelée *Han-Niech*, n'est
habitée que temporairement, et par des
Tunkinois, des Cochinchinois, et même de
Chinois qui viennent y former des établissemens passagers pour le commerce.

Le *Lac-Tho*, est un pays si peu étendu,
que malgré son ancien titre de royaume,
il était absolument ignoré au point que
les géographes ont omis d'en faire mention
sur les cartes. La découverte qu'on en a
faite n'est pas au reste fort importante,
au moins pour le commerce, car les habitans sont en partie errans et sauvages.
Ceux qui sont civilisés font un commerce
de buffles, et de coton non travaillé. Ce
pays n'a point de villes. Ce sont seulement
des villages de deux à trois mille individus, et qui en masse peuvent former une
population de six à sept cent mille ames.

La Cochinchine et le Tunking étant,
comme je l'ai dit, des pays démembrés de

v.　14

la Chine, la plupart des coutumes, la religion, l'écriture, les cérémonies des
Anamites, sont les mêmes que celles des
Chinois. Cette analogie est encore plus
sensible dans les provinces du nord que
dans celles du midi; on n'y remarque de
différence que dans l'habillement. Celui
des Anamites, j'appelle ainsi le peuple du
Tunking et de la Cochinchine, consiste
en une veste et un caleçon; quelques-uns
entourent leur tête d'un mouchoir en
guise de turban, d'autres ont des bonnets
de formes différentes. Ils rassemblent
leurs longs cheveux noirs en touffe au
sommet de la tête, comme faisaient les
Chinois avant la conquête de leur pays
par les Tartares. Ils vont ordinairement
les jambes et les pieds nus.

Les femmes, n'ayant pas les pieds estro-
piés comme à la Chine, vont et viennent
en toute liberté ainsi que dans les autres
pays. A *Touron*, où nous avons fait une
courte station, on les voyait occupées à

divers travaux; elles étaient toute la journée dans l'eau jusqu'aux genoux, occupées
à transplanter le riz. Celles de la ville
surveillaient les ouvriers qui construisent
les maisons, dirigeaient les manufactures
de poteries, conduisaient des bateaux,
épluchaient et filaient le coton; elles en
fabriquaient des toiles. Les hommes allaient à la pêche, ou bien à la recherche
des nids de solangane. Ils façonnaient des
bois pour la construction des jonques et
des canots; ils en construisaient ou les
radoubaient.

Les lois et la coutume ne fixent pas le
nombre de femmes et de concubines qu'un
homme peut avoir; la première en date
a, comme à la Chine, la préséance sur les
autres. Les mariages et les divorces ont
lieu avec une égale facilité.

Une chemise de grosse toile de coton
bleue ou brune, qui descend presque au
milieu des cuisses, et un ample caleçon de
nankin noir composent pour l'ordinaire

l'habillement des femmes ; celles du premier rang portent des espèces de sandales ou des pantoufles grossières. Une dame, les jours de parure, met quatre chemises de couleurs différentes ; et celle de dessus est la plus courte. Elles rassemblent quelquefois en nœud, au haut de la tête, leurs longs cheveux noirs, ou les laissent pendre derrière le dos en tresses qui souvent touchent la terre. Pour se préserver du soleil, elles se servent de parasols en papier fort de Chine, et d'éventails de feuilles de palmier ou de plumes.

Les denrées sont généralement abondantes dans ce pays; on y voit à la vérité peu de bœufs, mais une grande quantité de cochons, beaucoup de canards et de volaille. On y mange du chien, comme chez les Chinois. La mer est très poissonneuse. Les mollusques et plusieurs végétaux marins sont regardés comme des mets friands. Les fruits sont très communs et excellens. On ne fait que deux repas par

jour, l'un vers dix heures du matin, l'autre
au coucher du soleil. On donne aux
petits enfans du riz, des cannes à sucre et
des melons d'eau. Dans la belle saison, chacun mange devant la porte de sa chaumière.

Les Anamites aiment le spectacle, la
musique, mais ils n'ont point de salle des-
tinée à ce divertissement. On trouve toujours des acteurs prêts à jouer. Ceux-ci
donnent ordinairement des représentations
chez les particuliers qui leur paient une
somme convenue, ou bien ils jouent pour le
public sous un hangar dont l'entrée est
libre. Dans ce cas, au lieu de les encoura-
ger par des applaudissemens stériles,
quand on est content d'eux, on leur jette
de petites pièces de monnaie. Les comé-
diens ont des drames réguliers, des intermèdes mêlés de chants et de danses, et
des chœurs accompagnés du son d'instrumens très bruyans.

Un jour de fête générale, nous eûmes
occasion de voir les divertissemens des

Anamites. D'un côté, des jeunes gens jouaient au ballon avec une vessie; d'un autre, on en voyait qui déployaient leur agilité à sauter par dessus un bâton placé horizontalement à une certaine hauteur; ici, on regardait des combats de coqs, de cailles, et même de sauterelles; là, on jouait aux cartes et aux dés. Ce qui attira le plus notre attention, fut une troupe de jeunes gens qui se renvoyaient un ballon les uns aux autres, en le frappant uniquement avec la plante des pieds.

Il n'existe peut-être pas de peuple plus vif et plus leste que les Anamites, et surtout ceux de la Cochinchine. Nous fûmes témoins d'une querelle entre l'un d'eux et un matelot anglais, qui voulut absolument la vider à coups de poing. Tandis qu'il déployait ses bras pour boxer, et fixait de l'œil l'endroit où il frapperait son adversaire, celui-ci lui rit au nez, fit une pirouette sur un talon et appliqua l'autre si vigoureusement sur la mâchoire du ma-

OFFRANDE A BOUDHA.

telot, que le pauvre diable en resta tout ébahi ; puis l'Anamite se retournant très froidement, abandonna son antagoniste au ris et aux plaisanteries de la multitude.

Ces gens ont dans les mains une dextérité non moins remarquable. Les bateleurs font preuve de leurs talens au grand plaisir du peuple, et avec un grand profit pour eux-mêmes. Ceux qui n'exercent pas la profession d'escamoteurs, n'en sont pas moins habiles dans l'art de fouiller dans les poches ; et il arrive souvent aux spectateurs de n'y plus retrouver leurs mouchoirs.

La religion des Anamites est une modification à la doctrine de Bouddha. Ce peuple manifeste sa gratitude envers la divinité, en lui offrant les prémices des troupeaux ou des récoltes ; elles sont déposées dans son sanctuaire. Nous eûmes le plaisir d'être témoin d'une de ces offrandes. Un soir, étant entrés dans une petite grotte, nous vîmes un homme, la tête nue et

fraîchement rasée, s'avançant d'un pas
mesuré vers un arbre grand et touffu;
quelques paysans le suivaient; ils s'arrê-
tèrent au pied de l'arbre qui était un pipal.
Au haut du tronc principal, nous aper-
çûmes une sorte de grande cage en treil-
lage avec deux portes en claire-voie, attachée entre deux branches, et en partie
cachée par le feuillage. Elle renfermait
une statue de Bouddha en bois. Un enfant
tenait à la main un vase de cuivre rempli
de charbons ardens, un des paysans portait une échelle de bambou qu'il plaça contre l'arbre. Un autre y monta, et plaça
devant l'idole deux jattes de riz, une de
sucre et une de sel. En même temps le
prêtre, levant les mains et les yeux vers
le ciel, prononça une prière à voix basse.
L'homme qui avait apporté l'échelle se
prosterna neuf fois, des femmes et des
enfans se tenaient à une certaine distance,
dans une attitude respectueuse.

On voit dans tous les bocages, particu-

lièrement dans ceux voisins de la baie de
Touron, de petits coffres de bois ou des
corbeilles suspendues à des arbres; elles
contiennent des idoles en bois ou des images en papier peint et doré avec des ins-
criptions sur des planchettes en caractères
chinois. Souvent les Anamites ont dans de
petites boîtes, semblables à nos tabatières,
la figure de leur divinité de prédilection.
Ils sont généralement très superstitieux ; je
doute qu'on puisse leur en faire un re-
proche, car ils ont cela de commun avec
tous les peuples du monde, même les plus
civilisés.

On éprouve fréquemment dans le golfe
du Tunking et dans les mers adjacentes,
de redoutables *typhons* ou trombes précé-
dés d'un temps serein : ils s'annoncent au
nord-est par un petit nuage très noir vers
l'horizon, mais bordé dans sa partie supérieure d'une bande couleur de cuivre,
qui s'éclaircit insensiblement jusqu'à ce
qu'elle devienne d'un blanc éclatant. Cet

alarmant phénomène se montre souvent douze heures avant que la trombe n'éclate. C'est la lutte perpétuelle entre le vent du nord descendant des montagnes du continent, et le vent du sud venant de la mer, qui produit ces trombes; leur fureur est extrême. Pendant leur durée, le tonnerre gronde d'une manière épouvantable; de longs éclairs sillonnent le firmament et sont accompagnés d'un pluie abondante; un calme absolu succède après cinq ou six heures; mais bientôt l'ouragan recommence en sens opposé avec plus de fureur encore, et dure pendant un égal espace de temps.

Le climat de cette région est constamment rafraîchi par les vents du sud et du nord; les pluies y tombent depuis avril jusqu'à août, et sont suivies de la plus abondante végétation. Le pays est ceint de montagnes au nord et à l'ouest; mais les côtes et le centre présentent une vaste plaine formée en partie par les alluvions de l'Océan et les dépôts des rivières. Ces terres basses sont défendues contre les flots de la mer par des digues nombreuses et étendues. Les rivières inondent le pays dans la saison pluvieuse.

Les Anamites cultivent les patates, les ygnames, les plantins, le riz, les mangos, les limons, les noix de coco, les ananas; ils recueillent de la soie excellente. L'orange de ce pays est la meilleure que l'on connaisse. L'arbre à thé y abonde. Différentes espèces de bois précieux croissent sur les montagnes, tandis que le palmier, l'arec, le bétel, l'indigo, la canne à sucre viennent dans la plaine. Les forêts sont pleines de tigres, de cerfs, d'antilopes et de singes. Les campagnes sont couvertes d'animaux propres à la nourriture de l'homme. On vante des abeilles sauvages qui donnent un miel limpide et odorant. Les mines du pays fournissent du fer et du cuivre excellent et en abondance, de l'étain et de l'or en petite quantité, et un métal qui semble être du zinc muriaté ou arséniaté.

Nous avons parlé de la gomme de Cambodge, cette province produit aussi un arbre dont on rapporte une particularité remarquable ; il porte un suc qui empoisonne le fer, et rend les blessures incurables. Si ce suc se prend en breuvage, il perd sa qualité vénéneuse et répare les forces des personnes fatiguées. Les chasseurs le reçoivent sur des feuilles, en faisant une incision à l'arbre ; mais s'il en tombait une goutte sur une plaie, elle deviendrait mortelle, car on ne connaît point d'antidote contre un pareil venin.

La province de *Laos* fournit une quantité immense d'ivoire, et il n'est point de pays où les éléphans soient plus communs. Elle produit aussi une grande quantité de benjoin dont l'espèce est plus parfaite qu'en tout autre endroit de l'Orient. Le benjoin est une résine sèche, dure, fragile, inflammable, d'une odeur suave et pé-

nétrante, surtout quand on la brûle. Elle
découle naturellement ou par incision d'un
certain arbre appelé *belzof*. Elle est d'a-
bord blanche, ensuite grisâtre, puis d'un
rouge brun, comme du nouga. On l'emploie dans la médecine pour les maladies
du poulmon, et dans la chirurgie pour
résister à la gangrène.

La gomme-laque de Laos est une autre
production si estimée, que les habitans de
Combodge, qui en ont eux-mêmes de très
bonne, dans leur pays, préfèrent celle de
Laos. Cette gomme est une matière rougeâtre et transparente qui entre dans la
composition du vernis, et dont on se sert
en France pour faire de la cire à cacheter.
Elle est elle-même une sorte de cire que
recueillent certaines fourmis volantes,
soit qu'elle s'élabore dans l'estomac de ces
insectes, soit qu'ils la trouvent sur les fleurs
dans l'état où elle est ; ils la déposent sur
des branches d'arbre que les habitans ont
soin de piquer, pour servir de soutien à

l'ouvrage. Ces fourmis préparent et travaillent la laque pendant huit mois de l'année, pour la production et la conservation
de leur petits. Les embrions de ces insectes sont ce qui lui donne sa teinture rouge;
car quand elle est absolument dépouillée,
elle ne paraît teinte que très légèrement.
Lorsqu'on a recueilli cette gomme, on la
lave, on la fait fondre, on la jette sur un
marbre où elle se refroidit en lames, et on
l'emploie alors pour la belle teinture d'é-
carlate qui se fait au Levant. Ce qui reste
de plus grossier est réservé pour la cire
d'Espagne. La rouge se colore avec du ver-
millon, et la noire avec du noir de fu-
mée.

On distingue, dans l'empire d'Anam,
des grands de différentes classes, qui ont
chacun leur rang à la cour; mais qui, le
plus souvent, n'y exercent aucunes fonctions. On les reconnaît à une boîte d'or
qu'ils font porter derrière eux, comme
nos femmes de condition et même de sim-

ples bourgeoises faisaient porter leurs sacs
d'église. La boîte d'or est la marque d'honneur attachée aux premières charges. Les
seigneurs de la seconde classe ne peuvent
avoir que des boîtes d'argent. Ces boîtes
servent à serrer le bétel, l'arek, le car-
damone, et autres drogues qu'ils mâchent
continuellement. Quand ils paraissent
devant le prince, soit pour faire leur cour,
soit pour assister au conseil, ils se placent
en demi-cercle. Le premier rang est
occupé par les grands de la première
classe ; les seigneurs du second ordre se
tiennent derrière eux ; les uns et les autres
sont toujours munis de leurs boîtes.

Mais il est un ordre supérieur à ces
deux classes de grands : c'est celui des talapoins qui sont chargés spécialement de
desservir le temple de Cambodge. Cet
édifice est d'une structure et d'un goût
particuliers. Il est soutenu par des colonnes de bois noir, vernissé, avec des reliefs
et des feuilles d'or; le pavé même est

précieux, et, pour le conserver, on a soin
de le couvrir de nattes. Ces prêtres ont la
confiance de l'empereur, et vivent avec
lui dans une sorte de familiarité; mais,
sans doute, en raison de la haute opinion
qu'on a de la sainteté de leurs fonctions,
et pour ne pas les en détourner, il leur
est défendu de se mêler, comme en Europe, des affaires d'état et d'entrer dans
le ministère. On regarde comme une espèce de sacrilège dans un homme d'église,
de se mêler du gouvernement temporel.
On leur rend d'ailleurs tous les honneurs
dus à leur caractère; ils ont, avec la
prééminence du rang, tous les priviléges
attachés au sacerdoce, la vénération du
peuple, le respect des grands, les égards
du souverain.

Ce sont les mandarins décorés de la
boîte d'or, qui, seuls, sont chargés des
affaires publiques. Ils ont aussi le droit
de citer les particuliers à leur tribunal,
de juger les causes civiles et criminelles,

de condamner à la prison, et de prononcer des sentences de mort. Ils sont tout à la fois ministres et magistrats, et réunissent à l'autorité du conseil d'état la puissance militaire.

LETTRE XXVII.

Esquisse des révolutions de l'Inde.

J'avais, Madame, en partant de France, l'intention de visiter tous les pays dont se compose l'Asie; mais, rappelé dans ma patrie, pour des affaires de famille, je me trouve forcé d'interrompre le cours de mes voyages. Je ne vous dissimule pas que cette circonstance me contrarie beaucoup; car ce que j'ai vu, loin de ralentir ma curiosité, n'a fait que l'exciter davantage. Cependant il faut bien que je cède à la nécessité, et je le fais d'autant plus aisément, que les jeunes gens avec lesquels je voyageais, et qui sont fort instruits, m'ont promis de m'adresser une déscription exacte des contrées d'Asie qui me restaient à visiter. Je ne manquerai pas de vous faire part de leur relation.

Pressé de partir, je profitai d'une occasion qui me ramena à Calcutta, où j'ai attendu quelques jours le départ d'un bâtiment qui faisait voile pour l'Angleterre. Comme je connaissais tout ce que cette ville renfermait de curieux, et que je n'avais absolument rien à faire, j'ai employé mon temps à tracer une esquisse historique des *révolutions de l'Inde*, sujet qui m'a paru très propre à vous intéresser.

Les Indous, regardés comme les plus doux et les plus paisibles habitans du globe, ont été, depuis la plus haute antiquité, la proie des nations conquérantes, et ont passé d'une domination à une autre. L'Inde respira pourtant après la mort d'Alexandre-le-Grand, pendant treize siècles; mais l'an mille de l'ère vulgaire, la majeure partie de l'Indostan fut conquise;

par Mahmoud le Gaznevide, qui traita
la nation avec la plus grande cruauté, et
détruisit, autant que possible, la forme
du gouvernement paternel institué par
Brahma. Mahmoud eût fait la conquête
de l'Inde méridionale, si la mort n'eût
arrêté ses progrès. Koutoub, l'un de ses
généraux, fonda la dynastie afghane,
nommée *Patane* par les Indiens. En 1398,
Tamerlan parcourut l'Inde, et y laissa
des traces de son caractère destructeur.
Les Mogols, qu'il commandait, pillèrent
Delhy, commirent les plus grandes cruau-
tés, et ne se retirèrent qu'après avoir fait
un butin immense. Ils revinrent en 1526,
sous le commandement de Baber, descendant de Tamerlan, renversèrent le
trône patan, et élurent leur chef empereur à Delhy.

Baber fut le premier prince indien à
qui les Européens donnèrent le titre de
Grand-Mogol. Il eut pour successeur
Humayoun, son fils, qui fut détrôné et

réduit à fuir en Perse, où il fut bien reçu et traité honorablement. Pendant son absence, le trône fut occupé par Férid, de la nation patane, prince qui contribua à la prospérité de ses états, en faisant construire de grandes routes depuis le Bengale jusqu'à l'Indus, des plantations, des postes et des hôtelleries pour les voyageurs. Après sa mort, Humayoun obtint du roi de Perse une armée et tout ce qui lui était nécessaire pour retourner dans l'Indostan. Il reconquit en effet une partie de ses états, et rentra dans sa capitale. Mais il y avait à peine trois mois qu'il y goûtait le fruit de ses victoires, lorsqu'il mourut d'un accident, à l'âge de 49 ans, laissant la couronne à son fils Akbar, qui s'est illustré par sa valeur, sa sagesse et sa justice.

Akbar soumit le Bengale, agrandit son empire au sud et au nord, et le divisa en onze provinces ou *soubabies*, dont chacune était subdivisée en districts ou circars; ceux-ci comprenaient un certain nombre de cantons , appelés dans l'Indostan pourgounnahs. Akbar régna cinquante ans. Ce fut lui qui en 1587 fit commencer le palais d'Agra, et en 1589 , le fort d'Allahabad. Environ six ans avant sa mort, il fit monter sur le trône, en sa présence, Djihangir, et lui abandonna toute l'autorité.

Ce nouveau prince, quoique bien inférieur à son père dans l'art de régner , sut cependant conserver ses états, malgré les troubles fréquens qui désolèrent son règne. Il avait deux grands défauts, l'amour du vin et la jalousie. Néanmoins il fut pour ainsi dire subjugué par une femme superbe dont le nom était Nourdjihan (lumière du monde), et qui prit sur l'esprit du prince un tel ascendant, qu'il lui abandonna, dit-on, toute l'autorité pendant vingt-quatre heures. Les fakirs déclamèrent contre sa conduite, et accoutumèrent le peuple à mépriser un

monarque qui se laissait manquer en face
par les grands. Mais quel que fût son
goût pour la débauche, il ne négligea
jamais de rendre justice, et sa mémoire,
à cet égard, est encore en grande vénération. Ce soin, digne d'un roi, le soutint
dans l'opinion des peuples, et il aurait
pu, malgré ses défauts, régner tranquil-
lement, sans les troubles de sa cour, oc-
casionnés par sa faiblesse à l'égard de ses
enfans, et l'ambition qui mit la division
entre eux. Il mourut âgé de cinquante-huit
ans, après un règne de vingt-deux ans;
laissant la réputation d'un prince faible,
gouverné par les courtisans et par les
femmes.

Ce fut Shah-Jéhan, son fils, qui lui
succéda, en 1627. Ce prince passe pour
avoir été le plus magnifique et le plus
paisible des empereurs mogols. Il transporta le siége de l'empire d'Agra à Delhy,
qu'il embellit de plusieurs édifices super-
bes. La forteresse qu'il fit bâtir a des

palais, des mosquées, des jardins, etc.
Elle tient à Sélingar par un pont établi
d'un rempart à l'autre, seul passage pour
y entrer. Ce fut par les ordres de ce monarque que fut fait le célèbre trône des
deux paons, couvert de toutes sortes de
pierres précieuses, et que l'on a estimé
trente millions de francs. Sur la fin de
ses jours, ses enfans lui firent la guerre.
Aurengzeb, le plus hypocrite et le plus
adroit, triompha de ses frères, et s'empara
du trône, du vivant même de son père,
qu'il retint en prison dans son palais, tout
en lui prodiguant les témoignages les plus
apparens de respect filial.

En faisant garder son père avec toutes
les précautions imaginables, il lui laissa
tout ce qui pouvait lui plaire et adoucir
sa captivité: son ancien appartement, ses
femmes, ses chanteuses, ses mollahs pour
lui lire l'Alcoran, la compagnie de sa
fille aînée pour laquelle il avait une prédilection particulière, des animaux dressés

pour les combats d'amusement, et tous autres divertissemens de son goût. Il chercha à adoucir son ressentiment par des lettres obligeantes, pleines de respect et de soumission, le consultant comme son oracle, et lui envoyant sans cesse de petits présens. Par ces attentions, il le gagna si bien qu'il en reçut des choses qui lui avaient d'abord été refusées, et il obtint enfin la bénédiction paternelle qu'il avait souvent demandée en vain.

La mort de Shah-Jéhan', qui arriva six ans après sa réclusion, ne causa pas le moindre mouvement dans l'empire. Ce prince n'était ni bon ni mauvais; son caractère penchait plutôt vers l'indulgence que vers la sévérité; mais sa passion dominante était l'avarice qu'il portait au plus haut degré. Non content de s'emparer du bien des grands seigneurs, à l'époque de leur décès, ce qui était un des droits reconnus de la couronne, il paraissait désirer ardemment les successions, et

s'occupait de celles sur lesquelles il
comptait, avec une joie peu décente.
Mais on pouvait frustrer son avidité sans
éprouver le moindre effet de son ressentiment. L'histoire en fournit deux exem-
ples qui ne seront pas déplacés dans cette
esquisse, et que, pour cette raison, je vais
vous rapporter.

Un des *omrads*, qui connaissait l'avarice
de ce prince, soupçonnant qu'à sa mort
ce monarque ne manquerait pas de se
faire apporter ses coffres pour jouir de la
vue des richesses qui y seraient renfer-
mées, distribua secrètement tous ses
biens à ses parens et même à des étrangers.
Dans sa dernière maladie, il fit bien fermer et sceller ses coffres, et disait à tous
ceux qui le visitaient : « Ceci appartient
« à l'empereur. » Ce qu'il avait prévu
arriva, et dès qu'il eut cessé de vivre,
l'empereur se fit effectivement apporter
les coffres. On les ouvrit en présence des
courtisans assemblés. Au lieu d'un trésor,

on n'y trouva que de la vieille ferraille,
des pierres, des haillons, des os et autres
objets d'une nature aussi médiocre. Shah-
Jéhan, confus, ne dit pas un mot, se leva
et quitta la place.

Une femme sut se soustraire à l'avidité
de ce prince, par un moyen plus extraordinaire. Son mari, riche marchand,
avait laissé en mourant deux cent mille
roupies; elle n'en donnait qu'avec épar-
gne à son fils, grand dissipateur. Les
compagnons de plaisir du jeune homme
lui persuadèrent d'aller se plaindre à
l'empereur. Celui-ci reçoit la plainte, fait
venir la veuve, et lui ordonne en pleine
assemblée de lui envoyer cinquante mille
roupies et d'en donner autant à son fils;
et pour éviter les clameurs de la veuve, il
la fit mettre dehors à l'instant. Surprise
d'une pareille décision et de ce qu'on refuse
de l'entendre, cette femme s'écrie qu'elle
a encore quelque chose à découvrir à
l'empereur. On la ramène, et voici sa ha-

rangue : « Dieu garde Votre Majesté; je
« trouve que mon fils a quelque raison de
« me demander une part du bien de son
« père, parce qu'il est formé de son sang
« et du mien, et par conséquent notre
« héritier; mais je voudrais savoir quelle
« parenté Votre Majesté pouvait avoir
« avec mon mari défunt, pour s'en por-
« ter héritière. » Le monarque sourit, et
la renvoya sans rien exiger.

Aurengzeb, après avoir déposé son
père fait périr ses trois frères et quelques-
uns de ses propres enfans, dont il craignait
la rivalité, mit en œuvre tous les moyens
de faire oublier ses crimes. Il cessa d'être
sanguinaire dès qu'il ne lui fut plus utile
de l'être; il s'astreignit à ne vivre que de
fruits et de légumes jusqu'à la fin de ses
jours, en expiation du sang qu'il s'était
cru obligé de verser pour régner. Il ne
cessa jamais de s'occuper des fonctions de
la royauté. Ce souverain est en grande
partie l'auteur de la constitution politique

moderne de l'Inde ; il mit à la tête de chaque province un nabab ou soubab, pour commander les troupes et disposer des emplois. Chaque nabab possédait, dans une autre province, une portion de terre dont il avait la jouissance, et qui le privait des moyens de vexer la province dans laquelle il commandait.

Dans plusieurs provinces, il y avait des principautés qui avaient leur propre radjah, et qui payaient au Grand-Mogol un tribut, et lui fournissaient des troupes. Chaque province était divisée en *circars*, présidés par des *zémindars*, espèce de juges nobles et feudataires. Aurengzeb tendit sans cesse à agrandir ses états ; il entretenait, dit-on, une armée d'un million d'hommes, et se faisait redouter de ses voisins. Cependant les Marhattes surent lui résister, et le forcèrent de leur payer un quart de ses revenus. Plus heureux avec les Seiks qui firent des incursions dans ses états, il vint à bout de les

repousser. Ce prince mourut en 1707,
âgé de quatre-vingt-dix ans; sous son
règne l'empire du Grand-Mogol s'étendait
du dixième au trente-cinquième degré de
latitude, et renfermait plus de soixante-
quatre millions d'habitans.

Les successeurs d'Aurengzeb, trop faibles pour défendre un empire aussi vaste
contre les nations belliqueuses qui l'en-
touraient, le virent, dans l'espace de cinquante ans, réduit par les guerres à l'état
le plus déplorable. Nadirs, chah de Perse
emporta sans peine les trésors de Delhy,
dont il perdit un quart en traversant les
déserts de Bounguicha. Les Afghans, devenus maîtres d'une partie de ces trésors,
disputèrent aux Marhattes l'empire de
l'Inde; mais ils ne poursuivirent pas avec
assez de zèle les espérances que devait
leur donner le gain de la fameuse bataille
livrée en 1761 auprès de Delhy, par cent
cinquante mille Mahométans, sous les
ordres d'Abdalla, roi des Afghans, à deux

cent mille Marhattes. Les Européens,
semblables aux vautours, furent attirés
par une proie qui leur parut facile à dé-
vorer. Les Portugais, après avoir exclu
Venise des marchés de l'Inde, disputaient
encore aux Hollandais le privilége d'y
commercer seuls, quand les Anglais, à
leur tour, les chassèrent, et s'emparèrent
successivement de diverses places où leur
pouvoir prit des accroissemens aussi rapides que considérables. Ils furent bientôt
imités par les Français et par les Danois.
La compagnie des Indes, fondée par la
reine Elisabeth, envoya ses flottes, et
parvint à établir des factoreries dans l'Indostan, et sur les côtes de Malabar et de
Coromandel.

Ces succès furent suivis de quelques re-
vers, et la compagnie, en butte à la jalousie des autres marchands anglais et
des Hollandais, fut plusieurs fois menacée
d'une ruine totale ; mais aidée par le
gouvernement dont l'habitude est de fa-

voriser le petit nombre d'individus au préjudice de la masse, la compagnie vint à bout de triompher de tous les obstacles et de se relever avec avantage. Les Anglais ne s'étaient d'abord mêlés d'aucune guerre intestine dans l'Inde; mais en 1749, ils commencèrent à y jouer un rôle. Ils protégèrent le nabab du Carnatic contre les Français, et ensuite le Grand-Mogol Schah Allum II, et obtinrent en récompense de ce service, en 1765, la concession du Bengale, du Bahar et de l'Orissa. Le descendant d'Aurengzeb, qui avait joui de neuf cents millions de revenus, se contenta de recevoir, d'une compagnie marchande, une rente viagère de trois cent trente mille livres sterling (huit millions de francs); mais forcée d'employer tous ses moyens pour se maintenir dans ses conquêtes, ayant à combattre à la fois Hyderali, les Français et les Marhattes, la compagnie ne put faire face à tant d'ennemis, qu'en se dédommageant de ses dépenses énormes sur le pays dont elle disputait la possession.

L'Inde fut opprimée et épuisée en peu d'années. Le Bengale, auparavant si florissant, ne présentait de toutes parts que des déserts et des ruines. Le monopole du riz causa en 1770 une famine qui détruisit quatre à cinq millions d'habitans. La compagnie, loin de s'enrichir par ces oppressions, se couvrit de dettes, tandis que ses agens revenaient dans leur patrie avec des trésors énormes. Mais ses premiers succès contre Tippoo-Saëb, sultan de Mysore, fils d'Hyderali, relevèrent ses espérances abattues, et changèrent la face de ses affaires. Soutenue par les Marhattes et par le nizam du Decan, elle força ce fameux prince par le traité de 1792 à céder aux alliés la moitié de ses états, et à leur payer des sommes immenses pour les frais de la guerre.

Le plus grand gain que retira la compagnie du résultat de cette affaire, fut la concession du district situé à l'ouest des Gates depuis les frontières de Travancore jusqu'à la rivière de Kawar, concession qui la rendit maîtresse du poivre dont elle avait jusqu'alors partagé le bénéfice avec la France, la Hollande et le Portugal.

Encouragé par l'arrivée des Français en Égypte, Tippoo-Saëb recommença la guerre en 1798, et chercha à arracher aux Anglais les conquêtes qu'ils avaient faites dans la guerre précédente; mais ses ennemis, dès qu'ils eurent connaissance de ses projets, conclurent un traité d'alliance avec le nizam du Décan, prirent à leur solde une armée de soldats indous, et attaquèrent les états de Tippoo-Saëb à la fois sur la côte de Coromandel et sur celle de Malabar. Le sultan fut bloqué dans Seringapatnam sa capitale; dans un assaut livré par les Anglais, il perdit la vie avec ses principaux officiers; les vainqueurs se rendirent maîtres de la ville, et le trésor de Tippoo-Saëb, qu'on évalua à trois millions de livres sterling (soixante-douze millions de francs), tomba au pouvoir de l'armée victorieuse.

L'Angleterre céda le territoire de Mysore à un descendant de l'ancienne dynastie chassé par Hyderali, accorda quelques districts à un autre descendant de cette même dynastie, récompensa en terres le nizam son allié, et se réserva le reste composé des districts de Seringapatnam et de Mangalon, et de la plus belle partie de l'empire de Mysore.

L'Indostan entier paraît être l'objet de la soif conquérante de la compagnie anglaise. Elle excite des troubles parmi les différens princes qui ont encore quelques possessions dans cette région, prend alternativement parti pour l'un ou pour l'autre, et se fait faire concession d'une portion de territoire qui agrandit d'autant sa puissance. Les Seiks mêmes, malgré leur éloignement, n'ont pas pu échapper à l'oppression des Anglais, et ils se sont vus

obligés de céder une partie de Sirinagor
et du Népâl. Quand le hasard des circonstances ne fournit pas assez tôt au gré
de la compagnie anglaise un motif de
s'emparer des pays sur lesquels elle a jeté
un dévolu, elle y sème le trouble et la
discorde, divise les princes, les grands
et le peuple, et sous prétexte de rétablir
l'ordre, elle détrône tout simplement le
monarque, le déporte, et se rend maîtresse
du pays. C'est ainsi que naguère, elle
s'est emparée de l'île de Ceylan, qu'elle
convoitait depuis long-temps.

La compagnie anglaise des Indes orien-
tales, enrichie des dépouilles de tant de
princes, règne aujourd'hui sur plus des
trois cinquièmes de l'Indostan, et compte
plus de cinquante millions de sujets di-
rects, outre un nombre indéterminé de
vassaux. Ses revenus s'élèvent au-delà de
trois cents millions de francs, dont les
deux tiers sont employés à l'entretien
du gouvernement, et le reste ne

suffit pas pour couvrir l'intérêt de la dette immense de la compagnie, qui, semblable à celle de l'Angleterre, offre des mystères incalculables.

Mais cette monarchie qui, dans si peu d'années s'est élevée à un si haut degré de splendeur, porte aussi dans son sein les germes d'une décadence rapide et inévitable. Il est vrai que toutes les puissances indoues qui sont encore existantes manquent d'un système régulier de finances et d'une armée disciplinée ; que la discorde ne leurs permet pas d'unir leurs forces, que la mollesse des princes les rend accessibles aux dons et aux largesses des Anglais. Ceux-ci ont aussi un grand nombre d'espions déguisés en *Gossains* ou Brahmines voyageurs, qui découvrent et leur font part des faibles conjurations qu'inspire une rage inutile à quelques chefs moins amollis. Enfin les conquérans européen ont eu la bonne politique de conserver les anciennes lois civiles indiennes.

de régulariser la distribution et la percep-
tion des impôts, et de ne modifier que
faiblement l'institution féodale des *zémen-
daries*; de sorte que les Indous trouvent
réellement plus d'avantage à être sujets
de l'Angleterre, qu'à rester en proie aux
dévastations anarchiques des Marhattes, ou
à la tyrannie des princes musulmans. Le
caractère perfide et cruel de ces deux classes d'ennemis a singulièrement contribué à
favoriser les desseins des Anglais, sans
compter que les Indous sont d'un caractère
extrêmement paisible, et depuis long-
temps accoutumés à obéir aux diverses
puissances qui les ont successivement
subjugués.

Ce n'est pas que les Indous manquent de
courage, ils en ont souvent donné des
preuves; et l'histoire des invasions mu-
sulmanes fait connaître avec quelle obsti-
nation les femmes mêmes combattirent
pour la défense de leur pays. En voici un
exemple. *Zimette* régnait sur la princi-

pauté de *Tchittore*, à l'époque où Akbar
occupait le trône de Delhy. La renommée
publiait partout la beauté de Padmana,
épouse de Zimette, laquelle surpassait à cet
égard toutes les femmes de l'Inde. Le Grand
Mogol envoie dire au prince de Tchittore, qu'il ait à se soumettre à lui comme
son vassal, et à lui céder la souveraineté
de ses états; que cependant il est disposé
à lui épargner cette humiliation, s'il veut
lui céder la princesse sa femme.

Zimette ayant refusé de souscrire à des
propositions aussi outrageantes, le Grand-
Mogol marche à la tête d'une armée de
deux cent mille hommes, et bientôt as-
siége Zimette dans sa capitale, située sur
un rocher presque inaccessible. La coura-
geuse résistance des assiégés lasse les troupes d'Akbar; le défaut de vivres l'oblige de
penser à la retraite; mais avant de l'effec-
tuer, il essaie une de ces ruses infâmes
assez familières aux Orientaux. Il envoie
un héraut à Zimette, lui déclarer que plein

d'admiration pour sa valeur, il retire son armée, et ne demande que l'amitié d'un prince aussi courageux; il fait ajouter que pour sceller son alliance, il ira lui-même avec un faible cortége lui rendre une visite dans son château.

Après cette espèce d'ambassade, Akbar se rend auprès de Zimette, il est reçu avec une magnificence hospitalière qui touche son ame naturellement grande et généreuse; mais un funeste caprice efface bientôt ces impressions. Il demanda comme une grace de pouvoir contempler un seul instant, sans voile, cette belle princesse si renommée dans l'Indostan. La pudeur de Padmana repousse cette demande, la politique engage Zimette à la forcer d'y accéder; elle obéit.

La vue de la princesse enflamme le cœur du Grand-Mogol, et il se décide à exécuter le noir projet que la vengeance lui avait d'abord inspiré. Zimette le reconduit à quelques pas hors de la forteresse, et

comme Akbar n'avait avec lui que quarante courtisans, le prince de Tchittore
ne se fait suivre que par une dizaine d'officiers. Au moment de se séparer, Akbar
détache de son cou un énorme collier de
perles qui cachait un cordon de soie; il
place de sa main le collier autour du cou
de Zimette, et tandis que celui-ci se con-
fondait en remercîmens, Akbar serre le
cordon, et entraîne le malheureux prince
dont le cortége est aussitôt dispersé ou
massacré.

Qu'on se figure le désespoir de Padmana! Son esprit ne lui présente aucun
moyen de délivrer son époux; elle se perd
en conjectures sur le sort que lui réserve
Akbar; mais bientôt le Grand-Mogol lui
fait offrir la liberté de son mari à condition qu'elle se séparera de lui pour devenir
l'épouse du souverain de l'Inde. Elle prend
alors le parti de dissimuler. Elle ordonne
à sa première dame d'honneur de répondre en termes soumis, et d'ouvrir avec ce

monarque une correspondance qui devait
finir par le consentement de la princesse.
Elle était censée écrire elle-même les réponses. Akbar, enchanté, la presse de venir
à sa cour; elle feint de se laisser persua-
der, et profitant de la coutume qui rend
le palanquin ou chaise de voyage d'une
femme entièrement sacré et inviolable,
elle envoie à Akbar sa dame d'honneur,
accompagnée de quelques guerriers d'une
fidélité et d'une bravoure à toute épreuve.

La fausse Padmana, reçue en souveraine, demande par écrit au Grand-Mogol
la permission d'aller elle-même annoncer
à Zimette sa mise en liberté. Aussitôt les
portes du château fort où ce prince était
gardé sont ouvertes à la prétendue princesse et à son cortége. Le commandant et
les principaux officiers, entrés sans dé-
fiance dans la prison de Zimette, y sont
massacrés. Les gardes n'osent pas fouiller
le palanquin dans lequel on emmène le
prince prisonnier, qui, à peu de distance,

trouve des chevaux préparés d'avance, et accompagné de ses libérateurs, arrive heureusement à Tchittore.

Cependant le Grand-Mogol, qui attendait sa belle conquête dans un palais d'été, apprend qu'il a été joué. Furieux, il rassemble une armée nombreuse, et va de nouveau assiéger Tchittore. Tout ce que la haine, la vengeance et la valeur peuvent inspirer, est mis en œuvre par les deux partis. La place résiste avec succès. Zimette, excellent archer, se montre souvent sur le rempart, et menace la personne d'Akbar. Celui-ci fait construire une tour élevée et mobile du haut de laquelle il veut combattre son rival avec la même arme. Le sort le favorise, et Zimette tombe percé d'une flèche. Dès qu'on sut dans le camp avec certitude que le prince de Tchittore avait cessé de vivre, Akbar envoie des hérauts offrir à Padmana la paix et avec sa main le trône de l'Indostan; mais les envoyés ne trouvèrent que les cendres et les ossemens de cette fidèle épouse, qui, conformément aux usages indous, s'était immolée sur le bûcher de son mari. Le Grand-Mogol chercha à effacer le souvenir de ses cruelles amours, par les graces qu'il accorda aux habitans de Tchittore; mais il dut longtemps éprouver un repentir cuisant d'une conduite aussi peu digne d'un grand prince.

TABLE

DES LIEUX, DES PERSONNAGES ET DES CHOSES RE-
MARQUABLES DANS LES TOMES TROIS, QUATRE ET
CINQ, CONTENANT L'INDE EN-DEÇA DU GANGE
ET AU-DELA DU GANGE.

N. B. Le chiffre romain désigne le volume ; le chiffre arabe
indique la page.

ABDALLA, roi des Afghans.	vol. v, p. 186
ALLAHABAD, province.	III—162
ALOMPRA, empereur birman.	v— 3
ALPHABET des Birmans.	v— 29
ADJYMÈRE, province.	III—121
AFGHANS (les), peuples.	III— 87
AGRA, soubabie.	III—123
AGRA, capitale.	III—124
AGRICULTURE des Indiens.	III— 4
AHMENABAD, capitale du Guzurate.	III—108
AKBAR, empereur mogol.	v—178
AMBERSIR, ville du Pendjab.	III—103
AMÉRAPOURA, capitale du Birman.	v— 14

Amourodg-Borro (ruines d').   vol. iv p. 225

Amusemens des Siamois.   v—122

Anam (empire d').   v—146

Andaman (îles de).   v—142

Animaux particuliers à Siam.   v—117

Arakan (royaume d').   v— 20

Arakan, capitale.   v— 20

Arbre triste (l').   iv— 88

Arek (la noix d').   iv—158

Arnas-Sinkia (les).   iii— 49

Aschamiens (les).   v— 45

Assam ou Ascham, (royaume d').   v— 44

Aurengzeb, empereur mogol.   v—180—184

Aurungabad, province.   iv— 37

Ava, ville ruinée.   v— 16

Baber, Grand-Mogol.   v—176

Bahar (le).   iii—165

Balasore, ville de l'Orissa.   iv— 2

Ballons, espèce de barque.   v— 82

Bankok, ville siamoise.   v— 49

Barous-Senker (les).   iii— 49

Bazar de Bombay.   iv— 70

Bédahs ou Védahs, habitans de Ceylan.   iv—216

Bengale (le), province.   iii—174

Bengale (femmes du).   iii—201

Bengalais ou Bengalis (les).   iii—196

Bengalore, ville du Mysore.   iv— 63

BÉNARÈS, ville célèbre. vol. III p. 167

BERAR (le), province. IV— 35

BÉTEL (le), espèce d'herbe. IV—159

BHADRINATH (temple de) III—142

BIRMANS (les). V— 22

BODJE-BOOGE, ville. III—107

BOMBAY, grande ville. IV— 64

BOMPAL, ville du Malvah. III—123

BOUTIAS (les), habitans du Népâl. III—152

BRAHMES. III— 17

BRAHMISME. III— 15

BRUIT nocturne à Bombay. IV— 71

BUNDELIUND, territoire. III—165

BURHAMPOUR, ville du Candeich. IV— 36

CABOUL (royaume de). III— 69

CABOUL, capitale du Caboulistan. III— 74

CACHEMIRE (le), vallée. III— 76

CACHEMIRIENS (les), III— 77

CALCUTTA, capitale du Bengale. III—175—193

CALCUTTA (idée de). III—223

CALICUT, ville du Malabar. IV— 90

CAMBAIE, ville du Guzurate. III—114

CAMBODGE (le). V—154

CAMENI ou Bayadères. III— 48

CAMPENG-PET, province et villes siamoises. V—110

CANDAHAR (le), province. III— 72

CANDEICH (le), province. IV— 36

CANDY (royaume de).   vol. IV p. 224

CANDY, capitale de l'ile de Ceylan.   IV—223

CANDY (le roi de), détrôné.   IV—245

CANNELLIER (le).   .   IV—165

CASSAY (le), ancien état.   V— 19

CASTE des Chétris.   III— 22

CASTE des Coulis.   III—214

CASTES diverses.   III— 17

CASTE des Soudres.   III— 29

CASTE des Vaisias.   III— 27

CAVERNE d'éléphanta.   IV— 75

CÉRÉMONIE à l'occasion du labourage.   V—121

CÉRÉMONIES funéraires des Siamois.   V— 68

CÉRÉMONIE singulière chez les Birmans.   V— 12

CEYLAN (chasse des éléphans à).   IV—176

CEYLAN (femmes de).   IV—185

CEYLAN (habitans de l'ile de).   IV—184

CEYLAN (grands singes de).   IV—175

CEYLAN (minéraux de).   IV—173

CEYLAN (sol de).   IV—155

CHANDERNAGOR, colonie française.   III—192

CHATTERPOUR, ville du Bundelcund.   III—165

CHÉRANIS (les), tribu.   III— 97

CHINAPATNAM, ville du Mysore.   IV— 63

CHINGULAIS (les), habitans de Ceylan.   IV—184

CHINGULAIS, chrétiens.   IV—221

CHITTELDROOG, ville du Mysore.   IV— 63

CIRCARS du nord.   IV— 34

CLIMAT de l'empire birman. vol. v p. 37

COCHIN, ville de la côte de Malabar. IV— 97

COCHINCHINE (la), anc. royaume. IV—147—151

CODE des Birmans. v— 25

CODE siamois. v— 93

COLOMBO fort et ville. (de) IV—241

CONDATCHY, baie. IV—230

CONSCRIPTION, dans l'empire birman. v— 26

COUTCH, district. III—107

CRANGANOR, ville de la côte de Malabar. IV— 97

CULTURE et productions de l'Anam. v—168

CUTTACK, capitale de l'Orissa. IV— 2

DÉCAN, (les provinces du). IV— 37

DÉDEVASSIS, jeunes filles. III— 46

DELHY, ancienne capitale du Mogol. III—129

DESCRIPTION du cocotier. IV— 98

DIVERTISSEMENS des Anamites. v—161

DIVINITÉS indiennes. III— 16

DJIHANGIR, successeur d'Akbar. v—178

DOURANIS (les), tribu. III— 95

EDIFICES de Siam. v— 55

ELLICHPOUR, ville du Bérar. IV— 36

EMPIRE des Birmans. v— 2

EENTERREMENS des Birmans. v— 35

ESQUISSE des révolutions de l'Inde. v—174

FABRIQUE de l'indigo. III—211

FABRIQUE du sucre.   vol. III p. 210
FÊTE des cocos.   IV— 72
FÊTES et processions à Bombay.   IV— 71
FLEUVES et rivières de l'Inde.   III— 12
FORÊTS de l'Inde.   III— 6
FOU-CHOUAN, capitale de l'Anam.   V—152
FUNÉRAILLES indiennes.   III— 36

GANJAM, capitale des Circars.   IV— 35
GHASNI, ville déchue.   III— 75
GHERGONG, capitale du royanme d'Ascham.   V— 45
GHILDJIS (les), tribu.   III— 95
GOA, ville célèbre.   IV— 77
GOA (description de)   IV— 79
GOA (le peuple de).   IV— 86
GOLCONDE (royaume de).   IV— 38
GOLFE de Siam (îles du).   V—144
GOMME de Cambodge.   V—154
GOURONGS (les), habitans du Népâl.   III—149
GOUVERNEMENT des Birmans.   V— 25
GUZURATE (le), presqu'île.   III—108

HABILLEMENT des Birmans.   V 31
HABILLEMENT des mandarins siamois.   V— 88
HABILLEMENT des Siamoises.   V— 87
HAIDERABAD, capitale du Sindhy.   III—106
HAN-NIECH, capitale du Laos.   V—157
HÉRAT, ville.   III— 70

Herdouard, ville sacrée.   vol. iii p. 137

Histoire des Birmans.   v— 30

Hourga (la déesse).   iv— 4

Humayoun, prince mogol.   v—177

Hyderabad, capitale du Golconde.   iv— 38

Ile de Ceylan.   iv—147

Ile (l') d'Eléphanta.   iv— 74

Iles laquedives.   iv—144

Iles maldives.   iv—125

Inde en-deça du Gange.   iii— 1

Inde au-delà du Gange.   v— 1

Jaffnapatam, territoire et ville.   iv—228

Jagrenat, ville célèbre.   iv— 22

Jagrenat (temple de).   iv— 25

Johor (royaume de).   v—134

Katchar (le), principauté.   v— 19

Kaspour, capitale du Kathar.   v— 19

Keratky, port du Sindhy.   iii—107

Ketcho ou Bac-King.   v—151

Khatmandou, capitale du Népâl.   iii—155

Kheyberis (les), tribu.   iii— 97

Kiraouts (les), habitans du Népâl.   iii—152

Koutchar (le), pays.   iii— 147

Kouttore, province.   iii—99

Kutaniens (les).   v— 45

Laconcevan, ville siamoise.   v—109

Lac de Cachemire. vol. III p. 79

Lac-tho (le), jadis royaume. v—157

Lahore, capitale du Peudjab. III—101

Langues principales de l'Inde. III— 14

Lalita-Patan, ville du Népâl. III—156

Laos (le), jadis royaume. v—155

Langue siamoise. v—128

Laptchas (les), habitans du Népâl. III—152

Ligor (royaume de). v—131

Livres sacrés des Indiens. III— 30

Louvo, résidence royale de Siam. v— 60

Luknow, capitale de la province d'Oude. III—161

Madras, capitale du Carnatic. IV— 46

Maduré ou Madura, province et ville. IV— 59

Mahmoud, le Garnevide. v—176

Maisons des Indous riches. IV— 65

Maisons des Siamois. v— 86

Malabar (le). IV—112

Malabar (Naïrs du). IV—112

Malabar (veuves du). IV—108

Malaya ou Malaca. v—131

Malaca, ville et territoire. v—136

Malaca (productions de). v—140

Malais (les). v—141

Malativoé, ville. IV—227

Maldivois (usage des). IV—134

Malvah, province. III—122

MAGRY, place forte du Mysore. vol. IV p. 63

MALIVAGANGA (le), fleuve de l'île de Ceylan. IV—153

MALLIVADDY (le), fleuve de l'île de Ceylan. IV—154

MANANG-CABO, état. V—131

MARAHTES (les). III— 52

MARIAGES des Birmans. V— 34

MARIAGES indiens. III— 33

MARIAGES siamois. V—103

MARQUE de distinction chez les anamites. V—170

MARQUES de distinction chez les Birmans. V— 30

MAURES (les), habitans du Népâl. III—152

MEINAM (le), fleuve. V— 48

MÉLIAPOUR, ville ancienne. IV— 53

MÉTAC, ville siamoise. V—112

MILICE siamoise. V— 99

MOEURS des Indous. III— 31

MONASTÈRES de Siam. V— 77

MONTAGNES de l'Inde. III— 2

MOULTAN (le), pays. III—100

MUNAPOURRA, capitale du Cassay. V— 19

MUSTAFABAD, capitale du Rohilkend. III—162

MYSORE (empire de). IV— 60

MYSORE, capitale. IV— 62

NADIR, schah de Perse. V—186

NAGPOUR, ville du Berar. IV— 36

NAGRACOT, ville ancienne. III—103

NAÏRS (les) ou Najus. III— 58

NANEK, chef des Seiks.   vol. III p. 62

NÉPAL (le), pays.   III—145

NÉPAL (aborigènes du).   III—149

NEVARS (les), habitans du Népâl.   III—150

NÉVARS (femmes des).   III—151

N'GUYEN-CHOUNG empereur d'Anam.   V—148

NICOBAR (îles de).   V—143

NIGUMBO, gros village.   IV—241

NOBLESSE siamoise.   V— 89

NOURPOUR, ville du Pendjab.   III—103

ORISSA, province.   IV— 1

OUDE, province.   III—160

OUGEIN, capitale du Malvah.   III—122

OULOUS (les), tribu.   III— 85

OUVRIERS indous.   IV— 69

PAHANG, petit état.   V—134

PANNA, chef-lieu du Bundelcund.   III—165

PARIAS (les).   III— 49

PARSIS (les).   IV— 73

PARURE des Anamites.   V—159

PATANI, petit état et ville.   V—132

PATNA, capitale du Bahar.   III—166

PÊCHE des perles.   IV—231

PÉGU, ancienne capitale.   V— 9

PENDJAB (le), pays.   III—101

PE:CHOUR, province.   III— 98

PÉNITENS (ordres de).   III— 19

Péra (royaume de). vol. v p. 135

Pic d'Adam (le), montagne. iv—205

Pierres précieuses. iii— 12

Pindaris (les). iii— 56

Pondichéry, colonie française. iv— 54

Pont de Rama. iv— 60

Pont d'Adam. iv—229

Portrait des Anamites. v—158

Portrait des Birmans. v— 33

Portrait des Siamois. v—126

Portugais de Ceylan. iv—221

Poulo-Pinang (île de). v—134

Pounah, ancienne capitale des Marathes. iv— 38

Prêtres birmans ou Talapoins. v— 38

Prêtresses de Vénus. iii—222

Processions particulières à Goa. iv— 86

Promé, ville. v— 15

Pyramide curieuse à Siam. v— 75

Quéda, ville et port. v—134

Quin-Hou, ville de la Cochinchine. v—153

Qui-Phu, ville de la Cochinchine. v—153

Radjahs (les). iii— 24

Radjpoutes (les). iii— 60

Ramiséran, île et ville. iv— 59

Rangoun, ville. v— 5

Récolte du poivre. iv—124

RELIGION des Anamites. vol. v p. 163

REPAS siamois. v— 79

REVENUS du roi de Siam. v—100

RHINOCÉROS (le), ou moine des Indes. v—112

RICHESSES de Siam. v— 57

ROHILKEND, province. III—162

ROYAUME de Siam. v— 47

RUTTUMPOUR, ville du Bérar, IV— 36

SALANGORE, petit état. v—135

SAN-THOMÉ, ville. IV— 53

SAOUMBOUNATH, temple. III—157

SCHAH, Allum II, prince mogol. v—188

SHAH-JÉHAN, empereur mogol, v—179

SEDGISTAN (le), province. III— 72

SEIKS, (les). III— 62

SERINGAPATNAM, ville du Mysore. IV— 62

SERINGHAM, ville du Maduré. IV— 59

SERONDJE, ville du Malvâh. III—123

SIAM ou JUTHIA, capitale. v— 51

SINDHY (le), pays. III—105

SIRINAGOR, province. III—135

SUMBOUL, ville du Rohilkend. III—162

SUPPLICES siamois. v— 94

SURATE, ville du Guzurate. III—115

SURIAN ou Syrian, ville. v— 42

TATTA, province du Sindhy. III—106

TALIPOT (le), arbre curieux. IV—157

TAMERLAN, conquérant. . vol. v p. 176

TANJAOUR, province et ville. IV— 56

TCHAINAT, ville siamoise. v—109

TEMPLE de Choumadou. v— 10

TEMPLE célèbre à Siam. v— 58

TEMPLES ou pagodes indiennes. III— 43

TEMPLE des Seiks. III— 65

TÉLINGAS (caste des). III—215

TÉNASSERIM, ville ancienne. v—125

TIANG-TONG, ville siamoise. v—111

TIPPOO-SAËB, empereur mogol. v—189

TRANQUEBAR, place de mer. IV— 58

TRAVANCORE (royaume de). IV—206

TRINQUEMALE, ville. IV—226

TRITCHINAPOLY, ville du Maduré. IV—133

TRONGANON, petit état. v—133

TSIAMPA (le). v—153

TUNKING (le), anciennement royaume.

v—147—151

USAGES siamois. v— 84

VISAPOUR, ancienne capitale. IV— 38

VIZERIS (les), tribu. III— 97

YOUSOFZIS (les), tribu. III— 97

FIN DU TOME CINQ.

www.ingramcontent.com/pod-product-compliance
Lightning Source LLC
Chambersburg PA
CBHW060030100426
42740CB00010B/1670